T0207821

essentials

essentials liefern aktuelles Wissen in konzentrierter Form. Die Essenz dessen, worauf es als „State-of-the-Art" in der gegenwärtigen Fachdiskussion oder in der Praxis ankommt. *essentials* informieren schnell, unkompliziert und verständlich

- als Einführung in ein aktuelles Thema aus Ihrem Fachgebiet
- als Einstieg in ein für Sie noch unbekanntes Themenfeld
- als Einblick, um zum Thema mitreden zu können

Die Bücher in elektronischer und gedruckter Form bringen das Expertenwissen von Springer-Fachautoren kompakt zur Darstellung. Sie sind besonders für die Nutzung als eBook auf Tablet-PCs, eBook-Readern und Smartphones geeignet. *essentials:* Wissensbausteine aus den Wirtschafts-, Sozial- und Geisteswissenschaften, aus Technik und Naturwissenschaften sowie aus Medizin, Psychologie und Gesundheitsberufen. Von renommierten Autoren aller Springer-Verlagsmarken.

Weitere Bände in der Reihe http://www.springer.com/series/13088

Jens Uwe Pätzmann · Anja Busch

Storytelling mit Archetypen

Video-Geschichten für das
Content Marketing selbst entwickeln

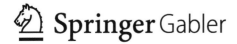 Springer Gabler

Jens Uwe Pätzmann
Hochschule Neu-Ulm
Neu-Ulm, Deutschland

Anja Busch
Obersulm, Deutschland

ISSN 2197-6708   ISSN 2197-6716   (electronic)
essentials
ISBN 978-3-658-26847-3   ISBN 978-3-658-26848-0   (eBook)
https://doi.org/10.1007/978-3-658-26848-0

Die Deutsche Nationalbibliothek verzeichnet diese Publikation in der Deutschen Nationalbiblio-
grafie; detaillierte bibliografische Daten sind im Internet über http://dnb.d-nb.de abrufbar.

Springer Gabler
© Springer Fachmedien Wiesbaden GmbH, ein Teil von Springer Nature 2019

Springer Gabler ist ein Imprint der eingetragenen Gesellschaft Springer Fachmedien Wiesbaden
GmbH und ist ein Teil von Springer Nature
Die Anschrift der Gesellschaft ist: Abraham-Lincoln-Str. 46, 65189 Wiesbaden, Germany

Was Sie in diesem *essential* finden können

- Eine systematische Analyse von 150 international erfolgreichen YouTube-Videos
- Zerlegung der Storytelling-Formate in prototypische Plots und archetypische Rollenbilder
- Ein empirisch abgetestetes archetypisches Modell als Referenzrahmen
- 15 Rezepte zum Selber-Entwickeln von Bewegtbildformaten für das Content Marketing

Vorwort

Der Wettbewerb um Aufmerksamkeit in der sogenannten „Attention Economy" wird immer brutaler. Content Marketing, insbesondere im Internet, produziert vielfach Content-Friedhöfe. Gut gemeinte YouTube-Videos fristen mit Aufrufen im einstelligen Bereich ein kümmerliches Dasein. Unternehmen sind verzweifelt, dachten sie doch, dass sich mit Hilfe von Content Marketing Aufmerksamkeit umsonst erzielen ließe. Und Aufmerksamkeit ist die Währung schlechthin im Internet, denn ohne Aufmerksamkeit kein Umsatz. „Leads" führen immer über den Weg der Aufmerksamkeit. Frei nach dem Motto: „Das, was ich nicht kenne, mag ich nicht und das, was ich nicht mag, kaufe ich nicht."

Genau hier setzt das Buch an. Allen, die sich professionell mit der Frage auseinandersetzen müssen, wie sie ihre Zielgruppen am besten im Internet erreichen können, ist dieses *essential* gewidmet. Das YouTube-Video ist nach wie vor das geeignete Bewegtbildformat, wenn es darum geht, Aufmerksamkeit bei Zielgruppen zu erzielen und sie zu emotionalisieren. Doch Video ist nicht gleich Video. Die Frage, die sich stellt, ist: „Gibt es eine Art Rezeptbuch, mit dem ich selbst Ideen für YouTube-Videos entwickeln kann?"

Dieses Buch stellt 15 archetypische Storytelling-Formate vor, die garantiert funktionieren, denn wir haben 150 erfolgreiche (Erfolg = über 100.000 Aufrufe) YouTube-Videos der letzten 10 Jahre analysiert und sie in ihre dramaturgischen und rollentypischen Einzelteile zerlegt – und dann wieder zusammengesetzt. Herausgekommen sind 15 Rezepte. Zu jedem Rezept gibt es ein Video-Beispiel, das per QR-Code aktiviert werden kann.

Basierend auf der Erkenntnis, dass gute Geschichten meistens archetypische Rollenbilder verwenden, haben wir die 15 Storytelling-Formate an das neue archetypische Modell von Pätzmann und Hartwig geknüpft, welches die beiden Autoren in ihrem Buch „Markenführung mit Archetypen" ausführlich vorgestellt haben. Die 14 Archetypen und 14 Antiarchetypen des neuen Modells wurden empirisch erhoben. Sie gelten weltweit, allerdings mit unterschiedlichen kulturellen Ausprägungen. Archetypisches Storytelling spielt bei der Entwicklung von Bewegtbildformaten für Content Marketing, SEO, Social Media, PR, Unternehmenskommunikation und Werbung eine zentrale Rolle. Die Prinzipien können jedoch auch für Reden und Kurzgeschichten eingesetzt werden.

Bedanken möchten wir uns bei unserem Kollegen Prof. Dr. Hans-Michael Ferdinand, der uns im Rahmen der Projekte für die ovummarken strategieberatung gmbh den Freiraum ließ, dieses *essential* zu schreiben. Außerdem gebührt Robert Genrich Dank, der den Grafiken und Tabellen den Feinschliff gab. Schließlich war es wieder eine Freude mit Imke Sander vom Verlag Springer Gabler zusammenzuarbeiten. Vielen Dank.

Neu-Ulm
im Juli 2019

Jens Uwe Pätzmann
Anja Busch

Inhaltsverzeichnis

1 Einleitung.. 1

2 Die Bewegtbild-Analyse 9

3 Die 15 archetypischen Storytelling-Formate 13

Fazit 49

Alphabetisch geordnete Liste der 150 analysierten YouTube-Videos 53

Literatur... 65

Über die Autoren

Prof. Dr. Jens Uwe Pätzmann ist Leiter des Kompetenzzentrums für Marketing & Branding an der Hochschule Neu-Ulm. Er ist seit über 25 Jahren auf Markenführungsthemen spezialisiert und einer der wenigen Experten in Deutschland, die sich in Marketing-Forschung und Praxis umfassend mit Archetypen beschäftigen, jens.paetzmann@hs-neu-ulm.de.

Anja Busch hat Betriebswirtschaftslehre mit Schwerpunkt Marketing, Branding & Strategy an der Hochschule Neu-Ulm studiert. Im Rahmen eines anwendungsorientierten Forschungsprojektes hat sie zusammen mit Jens Uwe Pätzmann die 15 archetypischen Storytelling-Formate für die Praxis entwickelt. Zurzeit arbeitet Anja Busch als Produkt-Managerin eines mittelständischen Unternehmens der Lebensmittelindustrie in Süddeutschland.

Einleitung 1

1.1 Content Marketing

Lange Zeit waren wir (die Autoren) der Auffassung, dass Content Marketing nur alten Wein in neuen Schläuchen bietet. Man könnte sich nämlich fragen, wo denn der Unterschied zu Werbung liegt. Werbung muss auch Content bzw. Inhalte transportieren. Werbung ohne Inhalte gibt es nicht. Inzwischen sind wir allerdings geläutert und sind der Auffassung, dass Content Marketing als Gattung, so wie PR oder Online-Marketing, einen festen Platz im Instrumentenkoffer der Markenführung eingenommen hat. Warum? Weil Content Marketing erst entstehen konnte als Display-Werbung im Internet nicht mehr funktionierte – und als Ad-Blocker es der werbungtreibenden Industrie nahezu unmöglich machte, zu ihren Zielgruppen durchzudringen (Pätzmann 2018, S. 3). Während Pulizzi Content Marketing umfassend und damit vage als „marketing and business process for creating and distributing valuable and compelling content to attract, acquire, and engage a clearly defined and understood target audience – with the objective of driving profitabel customer action (Pulizzi 2014, S. 5)" definiert, bevorzugen wir eine enger gefasste Definition: „Content Marketing versucht auf überwiegend digitalen Kanälen, deren Inhalte eher redaktionell aufbereitet sind, bei definierten Zielgruppen Aufmerksamkeit zu erregen, Einstellungen zu verändern und Verhalten zu beeinflussen (Pätzmann 2018, S. 3)". Oder, um es noch einfacher zu formulieren: Content Marketing ist Werbung, ohne Werbung zu machen.

© Springer Fachmedien Wiesbaden GmbH, ein Teil von Springer Nature 2019
J. U. Pätzmann und A. Busch, *Storytelling mit Archetypen*, essentials,
https://doi.org/10.1007/978-3-658-26848-0_1

1.2   Storytelling

Problematisch ist, dass Kunden heutzutage, sowohl online als auch offline, mit Inhalten überflutet werden, was erschwert, dass diese im Gedächtnis hängen bleiben. Dabei ist die Kombination von Content und Emotion ein vielversprechender Ansatz (Rüeger et al. 2018, S. 37; Kleine Wieskamp 2016, S. 160). Das Ziel und zugleich die größte Herausforderung beim Content Marketing ist die Schaffung von Emotionen (Rüeger et al. 2018, S. 46). Geschichten sind eine hervorragende Möglichkeit, um diesem Ziel näher zu kommen. Mit Hilfe von Geschichten und deren Mustern entstehen Verknüpfungen im menschlichen Gehirn, durch die Emotionen und Fakten verbunden werden (Pyczak 2018, S. 27).

Geschichten sind so alt wie die Menschheit. Der erste, der Geschichten analysiert hat, war Aristoteles: „Ein Ganzes (…) ist, was Anfang, Mitte und Ende hat (Aristoteles et al. 2009, S. 12)". Diese Idee von Aristoteles bildet das Grundgerüst der klassischen Dramentheorie. Wenn eins dieser drei Teile fehlt, funktionieren viele Geschichten nicht (Rupp 2016, S. 37). Der deutsche Schriftsteller Gustav Freytag erweiterte die klassische Drei-Akt-Struktur von Aristoteles auf fünf Stufen (Pyczak 2018, S. 99; Sammer 2015, S. 125). Eine Vielzahl von Hollywood-Produktionen beruft sich auf die Muster der Heldenreise des Mythenforschers Joseph Campbell, der im Rahmen einer Studie verschiedene Erzählungen aus unterschiedlichen Kulturkreisen untersuchte und einen roten Faden fand, der sich stets an der Hauptfigur, nämlich dem Helden und dessen Reise orientiert (Campbell 2008, S. 210). Christopher Vogler, ein Schüler von Campbell, verkürzte und modernisierte die Heldenreise. Diese Variante, in welcher der Held nur noch zwölf anstatt siebzehn Stationen durchläuft, ist heute die bekanntere von beiden (Vogler 2007, S. 188). Gute Geschichten bauen entweder auf dem Dreiakter, dem Fünfakter oder der Heldenreise auf.

1.3   Geschichten wirken im Gehirn

Von Personen erzählte Geschichten wie auch visuelle Umsetzungen, z. B. YouTube-Videos, gaukeln unserem Gehirn vor, dass wir das Gehörte oder Gesehene wirklich erleben. Dafür sind die sogenannten Spiegelneuronen verantwortlich. Wir erleben, was andere fühlen, in Form einer spontanen inneren Simulation. Dieser durch die Spiegelneuronen vermittelte Vorgang läuft vorgedanklich, vorsprachlich und implizit ab (Rupp 2016, S. 23 f.; Felser 2015, S. 296).

Das, was bei Carl Gustav Jung, dem Begründer der Archetypenlehre, das unbewusste Selbst und insbesondere das kollektive Unbewusste ist (Roesler 2016, S. 28 ff.; Pätzmann und Hartwig 2018, S. 1), wird unter Neuropsychologen der Autopilot (Scheier und Held 2012, S. 66) und bei Daniel Kahnemann, Nobelpreisträger und Verhaltensökonom, System I genannt (Kahnemann 2012, S. 33). Das System I steht für das schnelle, unreflektierte und vorbewusste Denken. Das System II beschreibt das langsame, reflektierte und bewusste Denken. Scheier und Held nennen diese bewusste, reflektierte Funktion im Gehirn den Piloten. Jung bezeichnet diesen Teil des Gehirns als das bewusste Selbst (Jung 1999; Stein 2015).

Neuere Untersuchungen unterscheiden innerhalb des Gedächtnisses ein episodisches Gedächtnis („was mir gestern auf dem Nachhauseweg passierte") und ein Wissensgedächtnis, das sich auf Fakten bezieht („drei mal drei ist neun"). Das episodische Gedächtnis gilt als das am höchsten entwickelte Gedächtnissystem des Menschen (Scheier und Held 2012, S. 80). Es ist stark an Emotionen und das limbische System gekoppelt. Wir speichern auch solche Geschichten, die wir gar nicht behalten wollen. Geschichten appellieren besonders an das Unbewusste. Geschichten, also Episoden, bleiben am besten im Gehirn haften.

1.4   Das archetypische Modell von Pätzmann und Hartwig

Jens Uwe Pätzmann und Jessica Hartwig (2018) entwickelten ein neues, zeitgemäßes archetypisches Modell mit vierzehn Archetypen und deren gegensätzlichen vierzehn Antiarchetypen. Das Modell wurde auf Grundlage einer empirischen Untersuchung der 50 weltweit erfolgreichsten Blockbuster der letzten zehn Jahre erstellt und enthält sowohl männliche als auch weibliche Archetypen (ebd., S. 5 ff.).

Die Archetypen werden, wie in Abb. 1.1 dargestellt, bestimmten Motivsystemen zugeordnet. So gehören zu dem Motivsystem Sicherheit mit dem motivationalen Verstärker Bindung die Archetypen Mutter Erde, Freund und Mutter. Dem Autonomiesystem mit der Behauptung als motivationalem Verstärker werden Genie, Mentor, Anführer, Amazone und Musterschüler zugeteilt. Die Archetypen Entdecker, Frohnatur, Schönheit, Künstler und Engel werden von der Neugier angetrieben, die zu dem Motivsystem der Erregung gehört (ebd., S. 7 ff.). Der Held als zentraler Archetyp nimmt eine gesonderte Rolle ein und ist keinem Motivsystem zuzuordnen, sondern kann im Einzelfall allen motivationalen Verstärkern folgen (ebd., S. 25).

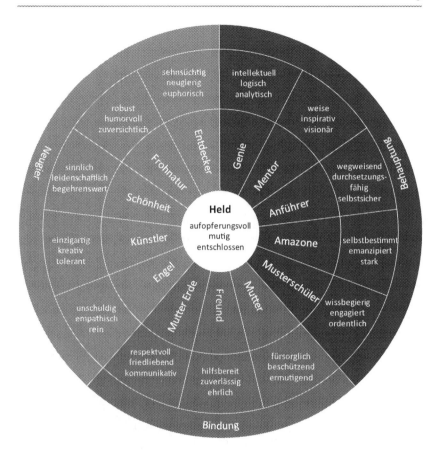

Abb. 1.1 Archetypen des archetypischen Modells nach Pätzmann und Hartwig

Entsprechend dem Modell mit den vierzehn Archetypen, die den motivationalen Verstärkern des jeweiligen Motivsystems zugeordnet sind, wurde ein
dazu passendes Modell mit vierzehn Antiarchetypen und deren motivationalen Barrieren erstellt, welches in Abb. 1.2 zu sehen ist. Die Antiarchetypen sind
dem Geschlecht des Archetyps entsprechend gespiegelt und bilden entweder
das Gegenstück oder auch eine Überspitzung zu dem jeweiligen Archetyp aus
Abb. 1.1 (ebd., S. 26).

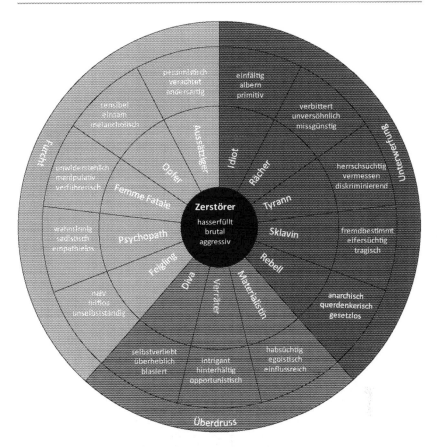

Abb. 1.2 Antiarchetypen des archetypischen Modells von Pätzmann und Hartwig

Auch die Antiarchetypen sind den drei Motivsystemen zugeordnet. Im Sicherheitssystem mit der motivationalen Barriere Überdruss sind die Antiarchetypen
Diva, Verräter und Materialistin angesiedelt. Die Antiarchetypen Idiot, Rächer,
Tyrann, Sklavin und Rebell befinden sich im Motivsystem Autonomie und folgen
der motivationalen Barriere Unterwerfung. Dem Erregungssystem sind die Antiarchetypen Aussätziger, Opfer, Femme Fatale, Psychopath und Feigling zugeteilt.
Sie haben die motivationale Barriere Furcht. Der Gegenspieler zum Held ist der

Zerstörer. Dieser Antiarchetyp nimmt analog eine zentrale Rolle ein und vereint in seiner Bösartigkeit alle drei Motivsysteme (ebd., S. 26 ff.).

Besonders beim Storytelling spielen Archetypen eine herausragende Rolle (Kroeber-Riel und Gröppel-Klein 2013, S. 218). Dieses Phänomen wurde in der Dornröschen-Studie belegt, bei der die Wirkung von archetypischen Motiven in Kinofilmen und Werbespots untersucht wurde. Die Testpersonen zeigten eine positivere Einstellung und einen höheren Grad der Aktivierung bei der Vorführung einer Filmszene oder eines Werbespots, in denen ein Archetyp verkörpert oder angesprochen wurde. Zudem wurde festgestellt, dass sowohl die Weiterempfehlungs- als auch die Kaufbereitschaft durch Archetypen positiv beeinflusst wird (ebd., S. 216 f.).

1.5   Das archetypische Motivkraftfeld

Archetypen und Antiarchetypen folgen bestimmten motivationalen Verstärkern und Barrieren (Pätzmann und Hartwig 2018, S. 3). Um die Motivsysteme mit ihren positiven und negativen Motivausprägungen übersichtlich darzustellen, wurde in Anlehnung an die von Pätzmann (2018, S. 8) eingeführte Motivlandkarte ein neues Modell, das sogenannte archetypische Motivkraftfeld entwickelt, das in Abb. 1.3 dargestellt ist.

Die drei Motivsysteme des Züricher Modells der sozialen Motivation von Bischoff (1985) bilden den innersten Kreis des Kraftfeldes. Die positiven und negativen Ausprägungen des jeweiligen Motivsystems sind im äußeren Kreis abgebildet.

Die Ausprägungen wurden mit dem Archetypen-Modell verknüpft und die Archetypen sowie die Antiarchetypen den motivationalen Verstärkern und Barrieren zugeordnet. Da Held und Zerstörer nicht nur einem spezifischen, sondern allen Motivsystemen zugeordnet werden können, nehmen sie auch in diesem Modell eine zentrale Rolle in der Mitte des Kraftfeldes ein (Pätzmann und Hartwig 2018, S. 25 ff.).

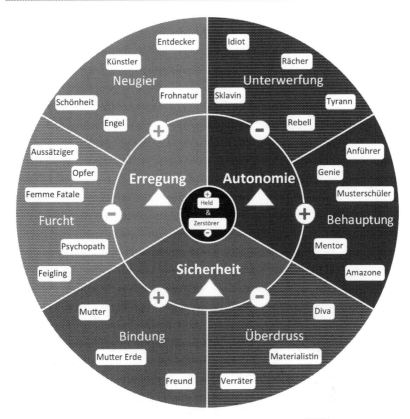

Legende: △ = Grundlegendes Motivsystem ⊖⊕= Motivationale Barriere/Verstärker ⬭ = Archetyp/Antiarchetyp

Abb. 1.3   Archetypisches Motivkraftfeld

Die Bewegtbild-Analyse

2

2.1 Anforderungen an die kommunikativen Sujets

Die Auswahl der YouTube-Videos erfolgte unter der Berücksichtigung der folgenden vier Auswahlkriterien:

1. Basis ist immer eine Geschichte, wobei das Produkt oder die Dienstleistung nicht im Vordergrund stehen muss. Videos, die lediglich das Produkt präsentieren, werden nicht berücksichtigt.
2. Der Film muss erfolgreich sein. Daher wurden nur YouTube-Videos mit über 100.000 Aufrufen ausgewählt.
3. Es werden ausschließlich Videos der letzten zehn Jahre berücksichtigt.
4. Die Sujets können aus aller Welt kommen, müssen jedoch in deutscher oder englischer Sprache sein bzw. dementsprechende Untertitel haben.

Tab. 2.1 liefert einen Überblick über die 150 YouTube-Videos, die alle Kriterien erfüllen und archetypisch analysiert wurden. Mehr als ein Drittel der analysierten Filme stammt aus den letzten drei Jahren. Diese Tatsache verdeutlicht nochmals, dass der Einsatz von Storytelling in der Kommunikationsbranche nicht mehr wegzudenken ist und in den letzten Jahren immer präsenter wurde.

2.2 Vorgehensweise

Die Filme wurden zunächst inhaltsanalytisch untersucht. In einem Analyseraster wurde dazu die Geschichte beschrieben, die das Video erzählt. Ferner wurde die Geschichte im Hinblick auf den Aufbau ihrer Handlung untersucht, also ob

© Springer Fachmedien Wiesbaden GmbH, ein Teil von Springer Nature 2019
J. U. Pätzmann und A. Busch, *Storytelling mit Archetypen,* essentials,
https://doi.org/10.1007/978-3-658-26848-0_2

Tab. 2.1 Überblick über die analysierten YouTube-Videos

Erscheinungsjahr	Werbespots: Unternehmen und Titel
2009	Axe „Dark Temptation"; Google „Parisian Love"; Knorr „Salty – Neck brace"
2010	Chanel „Bleau de Chanel"; John Lewis „She's Always A Woman"; Nolan's Cheddar „Mouse Trap"
2011	Chanel „Coco Mademoiselle"; Thai Life Insurance „Silence of Love"; ViO „Hasi"
2012	Bernas „Family reunion"; Carlsberg „The Crate Escape"; Ferrero KinderRiegel „So hat alles begonnen"; Mercedes-Benz „The Journey"; Pantene „ohne Titel"; Snickers „Diva"
2013	ERGO „Stefan & Max"; Evian „Baby Me"; Robinsons „Thanks Dad"
2014	Airbnb „Breaking Down Walls"; Budweiser „Puppy Love"; Chevrolet „Maddie"; Hornbach „Sag es mit deinem Projekt"; Lego „Inspire imagination and keep building"; Procter & Gamble „Thank you Mom"; Sainsbury's „1914"; Save the children „Second a day video"; Thai Life Insurance „Unsung Hero"
2015	Allegro „Nikolaus"; Comcast „Emily's Oz"; Dior „Dior Sauvage"; Edeka „Heimkommen"; Extra Gum „The Story of Sarah & Juan"; Glade „The greatest Gift"; ifolor „Grace"; IKEA „Zusammen wird's ein Fest"; Johnnie Walker „Dear brother"; MetLife „My dad's story – dream for my child"; Nestlé „For our #1 Lolas"; Sainsbury's „Mog's christmas calamity"; Skittles „Settle It"; Teleflora „Ryan's unforgettable Mother's Day delivery"; Zoetis „Gift"
2016	Adidas „Break Free"; Aldi „Warum – darum"; Allegro „English for beginners"; Always „Like a girl"; Amazon „Prime Now rettet das Star Wars-Date"; Anmun Philippines „Finally Mommy"; Ben & Jerry's „One sweet world"; British Airways „Fuelled by Love"; Canon „A picture of you"; Coca Cola „Brotherly Love"; Coca Cola „Break Up"; HP India „Reinvent Giving with Brothers"; John Lewis „Monty the Penguin"; John Lewis „Buster the Boxer"; Kenzo „World – the new fragrance"; Knorr „Share the warmth"; Kodak „Understanding"; Kylie Cosmetics „Glosses by Kylie Jenner"; Lufthansa „CEO Wilson kommt"; Marks and Spencer „Christmas with love from Mrs Claus"; Nestlé „A Mommy's Sacrifice"; Nivea „Beste Freunde"; NTUC Social Enterprises „Thank you, Mdm Siti"; Publix „Celebrate the graduation moments"; Rewe „Eine regionale Liebesgeschichte"; Samsung „Ganz weit weg und doch mittendrin"; Samsung India „We'll take care of you, wherever you are"; Sandy Hook Promise „Evan"; Tesla „Drive the future"; True Move „Giving"; Volkswagen „VW Tiguan – Lachende Pferde"; YSL Beauty „L'Homme"

(Fortsetzung)

Tab. 2.1 (Fortsetzung)

Erscheinungsjahr	Werbespots: Unternehmen und Titel
2017	Aldi „Kevin the Carrot"; Amazon „Löwe"; Apple „Apple Watch – Dear Apple"; Apple „Holiday Sway"; Audi „Driver's Test – Spider man Homecoming"; BBC „One Christmas"; Budweiser „Born the hard way"; Bumble „Celebrate first movers – international woman's day"; BVG „Ohne Uns"; Calvin Klein „Eternity"; Cartier „The Proposal: Jump Right In"; Check24 „Mary's iPhone Deal"; Dior „Miss Dior"; Edeka „Herren des Feuers"; Edeka „Eatkarus"; Edeka „Weihnachten 2117"; ept „Trying to conceive"; H&M „A Magical Holiday"; Halo Top „Eat the ice cream"; Heinz „Geoff"; IKEA „Opa"; Immowelt „Wohne wie auch immo du willst!"; John Lewis „Moz the Monster"; Lacoste „Timeless"; LG „Life is good"; Lufthansa „Die Farben meiner Heimat"; Lysol „Protect Like a Mother"; McDonald's „Dead Dad"; Mercedes-Benz „King of the City Jungle"; Monster „Opportunity Roars"; Netto „Die Osterüberraschung"; Nokia „Be the Gift"; Saturn „Anna – Du kannst mehr"; SOS Kinderdorf „Leos Geheimnis"; Supercell „Clash of Clans: How do we get over there?"; Taco Bell „Glen and the Magic Taco"; Tedi „Weihnachtsfilm – Dekorieren ist Liebe"; Tesla „Epic journey"; Twitter „Let's Go Twitter"; U.S. Bank „The Power of Possible"; Volvic „Der Neuanfang"; Volvo „Moments"
2018	Amazon „Alexa lost her voice"; Apple „HomePod – Welcome Home"; Apple „Homework"; Audi „Let's change the game"; Bahlsen „Muttertag – Ein Stück Geborgenheit"; BVG „Der BerlKönig kommt"; Cadbury „Mum's Birthday"; Coca Cola „Ramadan"; Delsey „What Matters is Inside"; Deutsche Bahn „Das Baden-Württemberg-Ticket: Der feine Unterschied"; Deutsche Bank „Positiver Beitrag"; FedEx „Tortoise & the hare"; Harry's „A Man Like You"; Hyundai „First Date"; IKEA „Therapie"; Kaufland „Für die beste Mama der Welt"; Lenovo „Let your child reach the stars"; LG „Innovation Story"; M&M's „Human"; MAN „Trucker Story – eine unglaubliche Geschichte"; McDonald's „Baby drive-thru"; Milka „Im Herzen zart"; Monster Store „Monster"; Nike „Dream Crazy"; Nivea „Mama, du bist immer für mich da"; Pantene „Wanitabesi"; Penny „Weihnachten braucht nicht viel. Nur Liebe"; Samsung „Lets You Be You"; Samsung „Samsung Galaxy: Moving on"; Samsung India „Voice Forever"; Siemens „Siemens ingenuity helps visionaries turn ideas into reality"; Telekom „ELI's Traum wird wahr"; Toyota „Good odds"; Volkswagen „Der neue Volkswagen T-Roc"

beispielsweise eine Krise, eine Wendung, eine Handlungssteigerung oder sonstige markante Erzählstrukturen auftauchten.

Weiter wurden die Protagonisten der Geschichte hinsichtlich ihrer vorherrschenden Charaktereigenschaften einem zutreffenden Archetyp oder Antiarchetyp zugeordnet und so automatisch einem bestimmten Motivsystem und dessen motivationalem Verstärker oder Barriere zugeteilt.

Nach der inhaltsanalytischen und archetypischen Untersuchung der 150 YouTube-Videos wurden ähnliche Handlungsmuster der Geschichten grob in dreizehn verschiedene Kategorien mit zwanzig Formaten unterteilt. Diese Kategorisierung wurde anschließend erneut untersucht und es kristallisierten sich letztlich zehn Kategorien mit insgesamt fünfzehn archetypischen Storytelling-Formaten heraus. Der Einfachheit halber werden im Folgenden nur die fünfzehn archetypischen Storytelling-Formate vorgestellt. Die vorangestellte Kategorisierung, wie eben beschrieben, wird weggelassen. Die Handlungsmuster der Geschichten innerhalb eines Formates sind sehr ähnlich bzw. teilweise identisch.

Im Anschluss wurden die Protagonisten der Filme archetypisch untersucht. Dabei ließen sich innerhalb der Formate bestimmte charakterliche Entwicklungsmuster der Archetypen bzw. ihrer Motive im Handlungsaufbau der Geschichten erkennen.

„Storytelling is about two things; it's about character and plot (Bishop 2013)." Entsprechend dieses Zitats des Star-Wars-Autors George Lucas wurden die Formate in Charakter („character") und Handlung („plot") unterteilt. Jedes der fünfzehn Formate hat einen abweichenden Handlungsaufbau. Dieser wird im nächsten Kapitel für jedes Format einzeln vorgestellt und anhand eines Beispiels veranschaulicht. Die Kopfzeile, die in Tab. 2.2 abgebildet ist, bleibt bei allen archetypischen Storytelling-Formaten unverändert und hilft bei der Modellierung der Protagonisten.

Die Analyse zeigt, dass sich in den jeweiligen Formaten häufig Muster beim Einsatz eines bestimmten Motivsystems bzw. den motivationalen Verstärkern und Barrieren erkennen lassen. Aus diesem Grund besteht das Gerüst der Charakterkomponente (Kopfzeile) sowohl aus den Motiven und ihren Ausprägungen als auch aus Archetypen bzw. Antiarchetypen. Der Großteil der 150 analysierten Sujets konnte eindeutig einem der fünfzehn entwickelten Formate zugeteilt werden, nur etwa zehn Prozent ließen sich nicht einordnen.

Tab. 2.2 Kopfzeile der archetypischen Storytelling-Formate

Charakter	Protagonist	Motivsystem	Motivationale(r) Verstärker Barriere	• Archetyp • Antiarchetyp	Geschichte

Die 15 archetypischen Storytelling-Formate

3

3.1 Der klassische Dreiakter

Wie es der Name schon sagt, besteht der Handlungsaufbau des Dreiakters aus drei Teilen, nämlich der Hinführung, dem Höhepunkt und dem Schluss. In der Hinführung werden die Protagonisten vorgestellt und Hintergründe vermittelt, wie beispielsweise der Ort, an dem die Geschichte spielt, die Zeit, in der die Geschichte stattfindet oder die Lebensverhältnisse, in denen die Protagonisten leben. Der Höhepunkt ist das Herz und der spannendste Teil der Geschichte. Dieser Teil bleibt Rezipienten langfristig am besten im Gedächtnis und nimmt bei einem YouTube-Video meistens das größte Volumen ein. Am Schluss fällt die Spannung ab und in den meisten Fällen endet der Dreiakter in einem Happy End.

In Tab. 3.1 ist das Storytelling-Format des klassischen Dreiakters anhand des Sujets „Mum's Birthday" des britischen Süßwarenherstellers Cadbury veranschaulicht (Cadbury 2018). Hauptprotagonistin dieser Geschichte ist ein kleines Mädchen, das selbstlos sein letztes Spielgeld und Spielzeug gibt, um ihrer Mutter zum Geburtstag eine Freude zu machen. Dabei handelt das Mädchen über alle drei Akte hinweg im Motivsystem Erregung mit dem motivationalen Verstärker Neugier. Sie verkörpert den Archetyp des unschuldigen, empathischen Engels. Ergänzt wird der Engel durch die selbstlose und aufopferungsvolle Heldin beim Höhepunkt der Geschichte, als das Mädchen ihr Spielzeug gegen die Schokoladentafel eintauscht. Die Mutter und der Verkäufer nehmen Nebenrollen ein, die vom Sicherheitssystem motiviert werden und sich in dem motivationalen Verstärker Bindung äußern. So verkörpert die Mutter den Archetyp der fürsorglichen und liebevollen Mutter, die als Mutter Erde am Schluss wertschätzend das Geschenk annimmt. Der Verkäufer hingegen lässt sich dem Archetyp des Freundes zuordnen, der hilfsbereit und kooperativ handelt, indem er das Spielgeld und Spielzeug als Zahlungsmittel akzeptiert (Pätzmann und Hartwig 2018, S. 7 ff.).

© Springer Fachmedien Wiesbaden GmbH, ein Teil von Springer Nature 2019
J. U. Pätzmann und A. Busch, *Storytelling mit Archetypen*, essentials,
https://doi.org/10.1007/978-3-658-26848-0_3

Tab. 3.1 Der klassische Dreiakter am Beispiel von Cadbury „Mum's Birthday"

Handlung	Charakter Protagonist	Motivsystem	Motivationale(r) Verstärker Barriere	• Archetyp • Antiarchetyp	Geschichte
Hinführung	1. Mädchen 2. Mutter	1. Erregung 2. Sicherheit	1. Neugier 2. Bindung	1. Engel 2. Mutter	Nach einem anstrengenden und langen Arbeitstag holt die Mutter ihre Tochter ab. Auf dem Nachhauseweg bekommt sie einen Anruf und die beiden bleiben vor einem Laden stehen
Höhepunkt	1. Mädchen 3. Verkäufer	1. Erregung 3. Sicherheit	1. Neugier 3. Bindung	1. Engel, Held 3. Freund	Das kleine Mädchen betritt den Laden, möchte ihrer Mutter zum Geburtstag Schokolade kaufen und diese mit Spielzeug bezahlen. Der Verkäufer zeigt Mitgefühl und akzeptiert das Zahlungsmittel
Schluss	1. Mädchen 2. Mutter 3. Verkäufer	1. Erregung 2. Sicherheit 3. Erregung	1. Neugier 2. Bindung 3. Neugier	1. Engel 2. Mutter Erde 3. Frohnatur	Das Mädchen überrascht ihre Mutter mit der Schokoladen-tafel und alle sind zufrieden
Botschaft	Die kleinen Dinge im Leben sind oft die größten Geschenke				

Quelle: Eigene Darstellung in Anlehnung an Cadbury (2018)

Abb. 3.1 Verlinkung zum
Video von Cadbury „Mum's
Birthday"

QR-Code und Link zum Video
https://bit.ly/2mlvX7d

Die Botschaft, die hier vermittelt wird, ist, dass es oft die kleinen Dinge im
Leben sind, die einem die größte Freude bereiten. Der vollständige Clip kann
auf YouTube angeschaut werden. Ein QR-Code und der Link zum Video sind in
Abb. 3.1 zu finden (Cadbury 2018).

Von den 150 analysierten Filmen ließen sich insgesamt dreizehn eindeutig dem
Format des klassischen Dreiakters zuordnen. Dabei kommen in fünf YouTube-
Videos ausschließlich Archetypen zum Einsatz. Bei sieben Sujets findet ein Wech-
sel statt, wobei meist am Anfang der Geschichte ein Antiarchetyp eingesetzt wird,
der sich dann im Laufe der Geschichte zu einem Archetyp entwickelt und so die
Geschichte meist mit einem Happy End beendet wird. Da der Dreiakter das gröbste
Format von allen ist, lassen sich hier keine spezifischen Muster beim Einsatz der
Motivsysteme erkennen.

3.2   Der klassische Fünfakter mit Konflikt

Dieses archetypische Storytelling-Format besteht aus fünf Akten: Hinführung,
Handlungssteigerung, Höhepunkt mit Konflikt, Handlungsabfall und Schluss.
Die Hinführung beinhaltet wie beim Dreiakter die Vorstellung der Protagonisten
und des Umfelds, in dem sich die Geschichte abspielt. Die Handlung steigert sich
im zweiten Akt, in welchem der Konflikt erstmals angedeutet wird. Im dritten
Akt, dem Höhepunkt, eskaliert die Situation und der Konflikt wird auf die Spitze
getrieben. Anschließend fällt die Spannung im Handlungsabfall und die Situation
entspannt sich allmählich. Am Schluss wird der Konflikt gelöst und die Spannung
erreicht wieder das Niveau vom Beginn der Geschichte.

Als Beispiel für das Format des klassischen Fünfakters mit Konflikt dient
der Film „A Mommy's Sacrifice" von Nestlé, der in Tab. 3.2 im dazugehörigen
archetypischen Storytelling-Format abgebildet ist. Die Geschichte handelt von
einer Familie mit Zauberkräften. Die Mutter gab ihre Magie auf, um ihrer Tochter
ein schönes Leben zu ermöglichen, doch diese ahnte nichts davon und aus der
Unwissenheit entsteht der Konflikt (Nestlé Philippines 2016). Die Botschaft der
Geschichte ist, dass für die Liebe einer Mutter kein Opfer zu groß ist.

Das Mädchen und der Vater verkörpern zum Anfang der Geschichte den
Archetyp des kreativen und spektakulären Künstlers, denn sie erschaffen mit ihrer

Tab. 3.2 Der klassische Fünfakter mit Konflikt am Beispiel von Nestlé „A Mommy's Sacrifice"

Handlung	Charakter Protagonist	Motivsystem	Motivationale(r) Verstärker Barriere	Archetyp / Antiarchetyp	Geschichte
Hinführung	1. Mädchen 2. Mutter	1. Erregung 2. Sicherheit	1. Neugier 2. Bindung	1. Künstler 2. Mutter	Das Mädchen sitzt am Tisch und macht ihre Hausaufgaben. Sie besitzt Zauberkräfte und zaubert nebenbei
Handlungssteigerung	1. Mädchen 2. Mutter 3. Vater	1. Erregung 2. Sicherheit 3. Erregung	1. Neugier 2. Bindung 3. Neugier	1. Künstler 2. Mutter Erde 3. Künstler	Der Vater kommt von der Arbeit und die beiden zaubern zusammen, wobei die Hausaufgaben in Vergessenheit geraten
Höhepunkt (mit Konflikt)	1. Mädchen 2. Mutter	1. Autonomie 2. Erregung	1. Unterwerfung 2. Furcht	1. Rebell 2. Opfer	Die Situation wiederholt sich und die Mutter spricht ein Machtwort. Das Mädchen wird zornig und schreit ihre Mutter an, dass sie nur so ist, weil sie nicht zaubern kann
Handlungsabfall	1. Mädchen 3. Vater	1. Erregung 3. Sicherheit	1. Furcht 3. Bindung	1. Feigling 3. Freund	Der Vater holt das Mädchen und zeigt ihr den Zauberstab der Mutter. Als er ihn aus der Wand nimmt, beginnt die Umgebung schmutzig, trist und alt zu werden
Auflösung/Schluss	1. Mädchen 2. Mutter 3. Vater	1. Erregung 2. Sicherheit 3. Sicherheit	1. Neugier 2. Bindung 3. Bindung	1. Engel 2. Mutter, Held 3. Mutter Erde	Die Mutter kommt und will den Zauberstab zurücklegen, doch die Tochter ermutigt sie, ihre Magie nicht aufzugeben. Die Mutter erwidert, dass sie es gerne macht und legt den Zauberstab zurück, woraufhin sich das Haus wieder zurückverwandelt
Botschaft	Für die Liebe einer Mutter ist kein Opfer zu groß				

Quelle: Eigene Darstellung in Anlehnung an Nestlé Philippines (2016)

Abb. 3.2 Verlinkung
zum Video von Nestlé „A
Mommy's Sacrifice"

QR-Code und Link zum Video
https://bit.ly/2G9b8IN

Magie eine neue, bunte Welt. Die Mutter folgt anfangs dem motivationalen Verstärker der Bindung und kann den Archetypen der aufrichtigen Mutter und der
friedliebenden Mutter Erde zugeordnet werden. Im Höhepunkt entsteht der zentrale Konflikt zwischen Mutter und Tochter, bei dem die Antiarchetypen Rebell
und Opfer aufeinandertreffen. Das Mädchen provoziert ihre Mutter, wodurch
der Streit der beiden auf die Spitze getrieben wird. Die Mutter zeigt ihre sen-
sible Seite und leidet unter dem Konflikt. Im Handlungsabfall entspannt sich die
Situation, als der Vater das Mädchen über die Zauberkräfte und den Verzicht der
Mutter aufklärt. Der Konflikt wird schließlich vollkommen aufgelöst und die
Mutter verkörpert eine Verschmelzung der Archetypen der fürsorglichen und
beschützenden Mutter sowie der selbstlosen und aufopferungsvollen Heldin. So
endet die Geschichte mit einem Happy End, bei dem sich Mutter, Vater und Tochter in die Arme schließen (Pätzmann und Hartwig 2018, S. 7 ff.). Die Verlinkung
zu dem Werbespot auf YouTube ist in Abb. 3.2 zu finden.

Diesem archetypischen Storytelling-Format lassen sich zwölf Sujets eindeutig zuordnen. Bei der Analyse zeigen sich besonders in den letzten drei Akten
deutliche Muster beim Einsatz der motivationalen Verstärker bzw. Barrieren. So
spielen bei neun Clips im Höhepunkt und dessen Konflikt Antiarchetypen eine
Rolle, die von der motivationalen Barriere Furcht geleitet werden. Beim Handlungsabfall lassen sich bei sieben der zwölf YouTube-Videos Archetypen des
motivationalen Verstärkers Bindung beobachten. Archetypen, die von der Neugier
motiviert werden, sind in neun Videos am Ende der Geschichte wiederzufinden.
Besonders gerne kam hier der Archetyp der Frohnatur zum Einsatz.

3.3 Der klassische Fünfakter ohne Konflikt

Dieses Format besteht aus denselben fünf Akten wie der klassische Fünfakter
mit Konflikt mit dem einzigen Unterschied, dass es hier keinen Konflikt gibt.
Die Geschichte beginnt ebenfalls mit der Hinführung und anschließend wird die
Handlung fesselnder, was den Rezipienten neugierig auf den weiteren Verlauf
der Geschichte macht. Der Höhepunkt ohne einen Konflikt bildet den Kern der
Geschichte. Dieser kann beispielsweise eine besonders schöne, ungewöhnliche
oder lustige Situation sein, die lange im Gedächtnis verankert bleibt. Die Handlung
fällt dann allmählich ab und der Schluss wird eingeleitet.

Der Clip „A Man Like You" des amerikanischen Rasierzubehörherstellers Harry's dient als Beispiel zur Veranschaulichung des klassischen Fünfakters ohne Konflikt in Tab. 3.3. Der Hauptprotagonist dieses Werbespots ist ein Junge, der auf einen Außerirdischen trifft und diesem erklären soll, wie sich ein richtiger Mann verhält. Am Ende stellt er fest, dass es dafür jedoch keine allgemeingültigen Regeln gibt (Harry's 2019). Dies ist zugleich die Botschaft des Werbespots.

Zu Beginn der Geschichte tritt der Junge in der Rolle des Musterschülers in Erscheinung, der ordentlich seine Schulsachen packt. Als er dann den Lichtstreifen am Himmel sieht, wird seine Neugier geweckt und der Entdecker in ihm kommt zum Vorschein. Bei dem Zusammentreffen mit dem Außerirdischen übernimmt der Junge die Rolle des erfahrenen Mentors und erklärt dem Fremden, wie sich ein richtiger Mann verhält. Der Außerirdische verkörpert dabei konstant den Archetyp des wissbegierigen Musterschülers. Als der Junge nach seinem Vater fragt und alleine auf der Lichtung sitzt, offenbart sich der Antiarchetyp des einsamen und sensiblen Opfers in ihm. Doch am Schluss findet er die Lösung und stellt tiefgründig fest, dass ein Mann keinen bestimmten Regeln folgen muss, um ein Mann zu sein (Archetyp Mentor). Seine Mutter schenkt ihm Trost und am Ende sind alle zuversichtlich (Pätzmann und Hartwig 2018, S. 7 ff.). Der Link und der QR-Code zum YouTube-Video sind Abb. 3.3 zu entnehmen.

Es lassen sich insgesamt achtzehn der analysierten Filme diesem Format zuordnen. Besonders auffällig sind hier zwei Muster bei der archetypischen Entwicklung der Protagonisten. Bei acht Sujets wurde ein bestimmter Archetyp konstant über alle Teile der Geschichte hinweg, also von der Hinführung bis zum Schluss, beibehalten. Dabei wird der vorherrschende Archetyp in bestimmten Akten durch weitere Archetypen ergänzt. Ein schönes Beispiel für einen beständigen Archetyp ist Unsung im Film „Unsung Hero" der Thai Life Insurance, dessen Verlinkung zum Video auf YouTube in Abb. 3.4 zu finden ist (thailifechannel 2014). Unsung verkörpert kontinuierlich den Archetyp des hilfsbereiten und zuverlässigen Freundes, der durch Bindung motiviert wird. Ergänzt wird dieser Archetyp anfangs besonders vom selbstlosen Helden, beim Höhepunkt der Geschichte durch die zuversichtliche Frohnatur und gegen Ende vom Archetyp der naturverbundenen Mutter Erde.

Ein zweites Muster ist bei dem Einsatz von Archetypen zu erkennen, die bestimmten motivationalen Verstärkern zugeordnet sind. Im dritten Akt, dem Höhepunkt der Geschichte, taucht auffällig oft (bei elf der achtzehn Werbespots) ein Archetyp des motivationalen Verstärkers Neugier auf. Der am häufigsten eingesetzte Archetyp ist dabei die Frohnatur. Am Schluss sind viele Geschichten durch einen Archetyp des Motivsystems Sicherheit mit dem motivationalen Verstärker Bindung geprägt. So kommt beim Werbespot von Harry's „A Man Like

Tab. 3.3 Der klassische Fünfakter ohne Konflikt am Beispiel von Harry's „A Man Like You"

Handlung	Charakter Protagonist	Motivsystem	Motivationale(r) Verstärker Barriere	Archetyp • Antiarchetyp	Geschichte
Hinführung	1. Junge	1. Autonomie	1. Behauptung	1. Musterschüler	Der Sohn eines Astronauten packt seine Schulsachen zusammen
Handlungssteigerung	1. Junge	1. Erregung	1. Neugier	1. Entdecker	Auf dem Weg zum Schulbus beobachtet er, wie ein Ufo auf die Erde zusteuert. Er macht sich auf die Suche und findet es schließlich
Höhepunkt	1. Junge 2. Außerirdischer	1. Autonomie 2. Autonomie	1. Behauptung 1. Behauptung	1. Mentor 2. Musterschüler	Der Außerirdische begrüßt ihn und fragt, ob er ein Mann sei und ihm beibringen könne, was einen Mann ausmacht. Der Junge unterrichtet den Außerirdischen, wie sich ein Mann verhalten soll
Handlungsabfall	1. Junge 2. Außerirdischer	1. Erregung 2. Autonomie	1. Furcht 2. Behauptung	1. Opfer 2. Musterschüler	Am Abend sitzen beide auf einer Lichtung und schauen in die Sterne. Er fragt den Außerirdischen, ob er seinen Vater gesehen hat, doch dieser ist verschwunden und der Junge sitzt alleine auf der Wiese
Auflösung/Schluss	1. Junge 3. Mutter	1. Autonomie 3. Sicherheit	1. Behauptung 3. Bindung	1. Mentor 3. Mutter	Der Junge wartet vor dem Haus auf seine Mutter und stellt fest, dass es keine Regeln dafür gibt, wie sich ein Mann verhalten soll. Die Mutter schließt ihren Sohn in die Arme
Botschaft	Es gibt keine Regeln dafür, wie ein Mann sein soll				

Quelle: Eigene Darstellung in Anlehnung an Harry's (2018)

Abb. 3.3 Verlinkung zum
Video von Harry's „A Man
Like You"

QR-Code und Link zum Video
https://bit.ly/2osls3U

Abb. 3.4 Verlinkung
zum Video von Thai Life
Insurance „Unsung Hero"

QR-Code und Link zum Video
https://bit.ly/2REZ3fm

You" am Ende die Mutter zu dem Jungen und tröstet ihn (Archetyp Mutter) und
Unsung aus dem Werbespot „Unsung Hero" verstärkt sein Sicherheitsmotiv durch
eine Verschmelzung der Archetypen Freund und Mutter Erde, die beide dem
motivationalen Verstärker Bindung folgen.

3.4   Die etwas andere Heldenreise

Dieses archetypische Storytelling-Format ist eine verkürzte Version der klassischen Heldenreise (Campbell 2008). Grundlage ist die modernere Variante
von Christopher Vogler mit zwölf Etappen, die von dem Held durchlaufen werden (Rupp 2016, S. 55). Die Bezeichnung der einzelnen Schritte wurde jedoch
modernisiert und die Besonderheit dieses Formates ist, dass bei dieser Heldenreise einzelne Etappen übersprungen werden können. Dies wird durch das
Beispiel von Delsey „What Matters is Inside" veranschaulicht, das in Tab. 3.4 im
Storytelling-Format dargelegt ist (DELSEY OFFICIAL 2018). Hier wurden die
Etappen Verweigerung, Sinneswandel, Vordringen und der entscheidende Kampf
übersprungen.

Das Video handelt von einem Mann namens Simon, der sich nach dem Tod
seines Vaters auf eine Reise begibt, um einen Schatz zu finden, den ihm sein Vater
hinterlassen hat. Seine Reise führt ihn dabei in die verschiedensten Länder der
Erde, wodurch Simon zu sich selbst findet. Die Botschaft des Films bringt die
Verwandlung auf den Punkt: Was zählt, ist das Innere (ebd.). In Abb. 3.5 ist die
Verlinkung zu dem Werbespot auf YouTube zu finden.

Am Anfang der Geschichte verkörpert Simon den ordentlichen und engagierten
Musterschüler, der fokussiert seine Arbeit erledigt und sich durch nichts ablenken
lässt. Bei seinen Eltern zeigt er antiarchetypische Eigenschaften. Er ist nachtragend
seinem Vater gegenüber, weil dieser lieber die Welt bereiste, als sich um ihn zu

Tab. 3.4 Die etwas andere Heldenreise am Beispiel von Delsey „What Matters is Inside"

Handlung	Charakter Protagonist	Motivsystem	Motivationale(r) Verstärker Barriere	• Archetyp • Antiarchetyp	Geschichte
Hinführung	1. Simon	1. Autonomie	1. Behauptung	1. Musterschüler	Simon arbeitet und ignoriert die Anrufe seiner Mutter. Er ruft sie zurück und erfährt, dass sein Vater gestorben ist
	1. Simon	1. Autonomie	1. Unterwerfung	1. Rächer	In der Wohnung seiner Eltern in Paris sieht er sich Bilder von den Abenteuern seines Vaters an und findet keine Gemeinsamkeiten
Ruf zum Abenteuer	1. Simon	1. Sicherheit	1. Überdruss	1. Materialist	Der Vater hinterließ ihm einen Schatz und hat diesen sicher in einem Koffer mit GPS aufbewahrt. Simon ortet den Koffer und begibt sich auf die Suche
	2. Vater	2. Autonomie	2. Behauptung	2. Mentor	
Verweigerung	(Übersprungen)				
Sinneswandel	(Übersprungen)				
Hürde	1. Simon	1. Erregung	1. Neugier	1. Entdecker, Held	Der Koffer bewegt sich immer weiter, sodass Simon gezwungen ist, ihm in die verschiedensten Länder dieser Erde nachzureisen
	2. Vater	2. Autonomie	2. Behauptung	2. Anführer	
Bewährungsprobe	1. Simon	1. Autonomie	1. Behauptung	1. Musterschüler	In jeder freien Minute arbeitet Simon an seinem Laptop, bis er abgelenkt wird und aus dem Fenster eines Zuges schaut

(Fortsetzung)

Tab. 3.4 (Fortsetzung)

Handlung	Charakter Protagonist	Motivsystem	Motivationale(r) Verstärker Barriere	• Archetyp • Antiarchetyp	Geschichte
Vordringen	(Übersprungen)				
Entscheidender Kampf	(Übersprungen)				
Belohnung und Lichtblick	1. Simon	1. Erregung	1. Neugier	1. Entdecker	Er entdeckt die Schönheit der Natur, fängt an die Reise zu genießen, ignoriert die Arbeit und findet schließlich zu sich selbst
Rückweg	1. Simon	1. Erregung	1. Neugier	1. Entdecker	Der Koffer wird wieder in Paris lokalisiert
Verwandlung	1. Simon	1. Sicherheit	1. Bindung	1. Mutter Erde	Zurück in der Wohnung seiner Eltern stellt Simon fest, dass er seinem Vater in der Zeit sehr ähnlich geworden ist
Rückkehr mit der Lösung	1. Simon 2. Vater	1. Sicherheit 2. Autonomie	1. Bindung 2. Behauptung	1. Mutter Erde 2. Mentor	Er entdeckt den Koffer, in dem sich ein gemeinsames Bild und ein Zettel befinden. Auf diesem steht, dass der Vater glücklich über das gemeinsame Abenteuer ist und es nun an Simon liegt, sein Leben zu leben
Botschaft	Was zählt, ist das Innere				

Quelle: Eigene Darstellung in Anlehnung an DELSEY OFFICIAL (2018)

Abb. 3.5 Verlinkung zum
Video von Delsey „What
Matters is Inside"

QR-Code und Link zum Video
https://bit.ly/2FyU0qF

kümmern. Als er dann erfährt, dass ihm sein Vater einen Schatz hinterlassen hat, treibt ihn die Gier danach an (Antiarchetyp Materialist), sich auf die Reise einzulassen. Dabei bezwingt er entschlossen als unverwüstlicher Held die Hürden auf seiner Reise und folgt dem Schatz in alle Ecken der Erde. Getrieben von der Neugier kommt der Archetyp des Entdeckers in ihm zum Vorschein. Immer wieder fällt er aber zurück in sein altes Muster, bis er einen Lichtblick hat und sich voll und ganz dem Archetyp des euphorischen und sehnsüchtigen Entdeckers hingibt und die Liebe zur Natur entdeckt (Archetyp Mutter Erde) (Pätzmann und Hartwig 2018, S. 7 ff.).

Von den 150 analysierten Filmen lassen sich vier dem Format der etwas anderen Heldenreise zuordnen. Auch hier sind bei der archetypischen und motivationalen Entwicklung der Protagonisten in den Geschichten Muster zu erkennen. Oftmals taucht am Anfang der Geschichte der Archetyp des Mentors als Nebenrolle auf und der Hauptprotagonist wird meist von dem motivationalen Verstärker der Neugier angetrieben. Der Archetyp des Helden kommt dabei nicht gezwungenermaßen erst am Ende der Geschichte, sondern häufig schon am Anfang vor, wenn sich der Hauptprotagonist mutig und entschlossen auf die Reise in die fremde Welt macht. Der Hauptprotagonist entwickelt sich in drei der vier Clips vom Antiarchetyp zum Archetyp. So wird auch Simon im oben dargestellten YouTube-Video zum Anfang der Geschichte dem Antiarchetyp des gierigen Materialisten im Sicherheitssystem mit der motivationalen Barriere Überdruss zugeordnet, der sich nur durch den Schatz dazu verleiten lässt, seine gewohnte Welt zu verlassen.

Am Ende der Geschichte verkörpert er den Archetyp Mutter Erde, der sich ebenfalls im Sicherheitssystem ansiedelt, aber nicht von der negativen, sondern der positiven Ausprägung dieses Systems leiten lässt, nämlich der Bindung. Die motivationale Barriere spiegelt sich demnach im Motivsystem der Sicherheit zum motivationalen Verstärker. Diese Spiegelung lässt sich ebenfalls bei zwei weiteren Werbespots beobachten. Bei den Werbespots von Carlsberg „The Crate Escape" sowie Netto „Die Oster-Überraschung" lassen sich die Hauptprotagonisten im Motivsystem Erregung anfangs von der motivationalen Barriere Furcht und am Ende von dem gespiegelten motivationalen Verstärker Neugier leiten.

3.5   Die unerwartete Wendung

Das Format der unerwarteten Wendung ist ähnlich wie das Format des klassischen Fünfakters aufgebaut, mit dem Unterschied, dass nach dem Höhepunkt kein Handlungsabfall, sondern eine unerwartete Wendung auftritt, die dann zur Erlösung und dem Schluss führt. Die ersten zwei Akte der Geschichte sind analog zu denen des klassischen Fünfakters und bestehen aus der Hinführung und der Handlungssteigerung. Es folgt der Höhepunkt, in dem mindestens einer der Protagonisten mit einer persönlichen Krise kämpft. Die anschließende unerwartete Wendung hilft dem Protagonisten dann der Krise zu entfliehen und läutet den erlösenden Schluss mit einem Happy End der Geschichte ein.

Zur Veranschaulichung des archetypischen Storytelling-Formates, welches in Tab. 3.5 dargestellt ist, wird der Clip „Be the Gift" von Nokia herangezogen, der von einer Mutter und ihrem Sohn handelt. Die Mutter ist einsam und wird von ihrem Sohn zu Weihnachten überrascht. Die Botschaft von Nokia in diesem Werbespot ist, dass die persönliche Nähe das größte Geschenk ist und die Zeit mit den Liebsten nicht durch Ablenkungen wie Smartphones gestört werden sollte (Nokia Mobile 2017).

Zum Anfang der Geschichte verkörpert die Mutter den Antiarchetyp des einsamen und verlassenen Opfers. Ihr Sohn hingegen ahnt nichts von der Misere seiner Mutter und blickt zuversichtlich seinem neuen Lebensabschnitt entgegen (Archetyp Frohnatur). Im weiteren Verlauf der Geschichte zeigt er sich als zuverlässiger und loyaler Freund, der sich so oft es geht bei seiner Mutter meldet und die Bindung zwischen den beiden so aufrechterhält. Die Mutter verkörpert dann den Archetyp der lebensfrohen und humorvollen Frohnatur. Doch der Junge baut sich ein neues Leben auf und die Nachrichten werden weniger, wodurch die Mutter zurück in die Ausgangssituation fällt und von der motivationalen Barriere Furcht beherrscht wird. Sie ist einsam und befürchtet, dass ihr Sohn sich immer weiter von ihr entfernt. Aber dann überrascht der Junge seine Mutter mit dem unerwarteten Besuch, was diese aus ihrer Krise entfliehen lässt und so können beide zum Ende der Geschichte dem Archetyp der lebensfrohen und unbeschwerten Frohnatur zugeordnet werden (Pätzmann und Hartwig 2018, S. 10 ff.). Der Werbespot kann auf YouTube angeschaut werden. Die Verlinkung zum Video ist Abb. 3.6 zu entnehmen.

Neun der analysierten Sujets passen in dieses Storytelling-Format, in dem der motivationale Verstärker Neugier am häufigsten zum Einsatz kommt. So enden vier Geschichten mit dem Archetyp Frohnatur. Beim Höhepunkt mit der Krise werden in den meisten Filmen Antiarchetypen eingesetzt, die von der motivationalen Barriere Furcht angetrieben werden. Wie auch im eben genannten Beispiel

Tab. 3.5 Die unerwartete Wendung am Beispiel von Nokia „Be the Gift"

Handlung	Charakter Protagonist	Motivsystem	Motivationale(r) Verstärker Barriere	• Archetyp • Antiarchetyp	Geschichte
Hinführung	1. Mutter 2. Sohn	1. Erregung 2. Erregung	1. Furcht 2. Neugier	1. Opfer 2. Frohnatur	Die Mutter ist einsam, denn ihr Sohn studiert in einer anderen Stadt
Handlungssteigerung	1. Mutter 2. Sohn	1. Erregung 2. Sicherheit	1. Neugier 2. Bindung	1. Frohnatur 2. Freund	Sie telefonieren, schreiben und schicken sich Bilder. Beide sind glücklich
Höhepunkt mit Krise	1. Mutter 2. Sohn	1. Erregung 2. Erregung	1. Furcht 2. Neugier	1. Opfer 2. Frohnatur	Doch das Leben des Jungen geht weiter und er lernt neue Leute kennen. Seine Mutter ist einsam und wartet vergebens darauf, dass sich ihr Sohn meldet
Unerwartete Wendung	1. Mutter 2. Sohn	1. Erregung 2. Sicherheit	1. Neugier 2. Bindung	1. Frohnatur 2. Freund	Der Junge überrascht seine Mutter und kommt unerwartet zu Besuch
Erlösung/Schluss	1. Mutter 2. Sohn	1. Erregung 2. Erregung	1. Neugier 2. Neugier	1. Frohnatur 2. Frohnatur	Die beiden umarmen sich und sind glücklich
Botschaft	Das größte Geschenk ist die persönliche Nähe				

Quelle: Eigene Darstellung in Anlehnung an Nokia Mobile (2017)

Abb. 3.6 Verlinkung zum Video
von Nokia „Be the Gift"

QR-Code und Link zum Video
https://bit.ly/2BLvu5H

wird in diesem Format auffällig oft eine Spiegelung der motivationalen Barriere Furcht zu dem motivationalen Verstärker Neugier vorgenommen, die beide dem Motivsystem Erregung zugeordnet sind.

3.6   Der raffinierte Kniff im Hauptteil

Die Handlung dieses archetypischen Storytelling-Formates wird ebenfalls in fünf Akte untergliedert. Auch diese Geschichte beginnt mit der Hinführung und der Steigerung der Handlung, die dem Rezipienten jedoch das Gefühl vermittelt, dass dies schon der scheinbare Hauptteil der Geschichte ist. Durch einen anschließenden raffinierten Kniff wird dann der eigentliche Hauptteil der Geschichte mit dem Höhepunkt eingeleitet, der später auch im Gedächtnis bleiben soll. Am Schluss entspannt sich die Situation.

Der Werbespot „The Journey" von Mercedes-Benz dient als Beispiel zur Demonstration dieses Storytelling-Formates in Tab. 3.6. In dieser Geschichte geht es um einen kleinen Jungen, der sich wagemutig auf den Weg durch die nächtliche Großstadt macht, um sein Ziel zu erreichen und im Polizeiwagen von Mercedes nach Hause gefahren zu werden (ebd.). Der Werbespot vermittelt die Botschaft, dass keine Gefahr zu groß ist, wenn es darum geht sein Ziel zu erreichen.

Der kleine Junge verkörpert in den ersten beiden Akten der Geschichte eine Verschmelzung der Archetypen des ehrgeizigen Entdeckers sowie des entschlossenen und mutigen Helden. Als er im Polizeirevier angekommen ist, spielt er den unschuldigen Engel und gibt vor, sich verlaufen zu haben, obwohl er von Anfang an geplant hatte dort anzukommen. Der Polizist durchschaut den Jungen, spielt das Spiel aber mit und nimmt damit den Archetyp des hilfsbereiten und kooperativen Freundes ein. Der kleine Junge hat sein Ziel schließlich erreicht und wird im Polizeiwagen zurück nach Hause gefahren. Bei der Fahrt kommt der zufriedene Archetyp Frohnatur in ihm zum Vorschein, denn er lehnt sich unbeschwert zurück und genießt die Fahrt. Im gesamten Werbespot wird der kleine Junge von dem motivationalen Verstärker Neugier angetrieben (Pätzmann und Hartwig 2018, S. 10 ff.). In Abb. 3.7 sind der QR-Code und der Link zu dem Werbespot auf YouTube zu finden.

Tab. 3.6 Der raffinierte Kniff im Hauptteil am Beispiel von Mercedes-Benz „The Journey"

Handlung	Charakter				Geschichte
	Protagonist	Motivsystem	Motivationale(r) Verstärker Barriere	• Archetyp • Antiarchetyp	
Hinführung	1. Junge	1. Erregung	1. Neugier	1. Entdecker, Held	Der kleine Junge schleicht sich abends aus dem Haus
Handlungssteigerung/scheinbarer Hauptteil	1. Junge	1. Erregung	1. Neugier	1. Entdecker, Held	Er läuft mit einer Karte durch die nächtlichen Straßen einer Stadt bis er sein Ziel erreicht und vor einer Polizeistation steht
Wendung/Kniff	1. Junge 2. Polizist	1. Erregung 2. Sicherheit	1. Neugier 2. Bindung	1. Engel 2. Freund	Er betritt das Gebäude und sagt schüchtern, dass er sich verlaufen hat. Der Polizist kennt den Jungen, denn die Situation kam schon häufiger vor
Höhepunkt	1. Junge	1. Erregung	1. Neugier	1. Engel	Der Junge steigt in den Polizeiwagen und schnallt sich brav an
Schluss	1. Junge	1. Erregung	1. Neugier	1. Frohnatur	Als der Polizist den Wagen startet, lehnt sich der Junge nach hinten, schließt die Augen und genießt die Fahrt
Botschaft	Keine Gefahr ist zu groß, um sein Ziel zu erreichen				

Quelle: Eigene Darstellung in Anlehnung an Bruns & Heuwold (2012)

Abb. 3.7 Verlinkung zum
Video von Mercedes-Benz
„The Journey"

QR-Code und Link zum Video
https://bit.ly/2iGndHO

Neben dem eben genannten Video lassen sich noch drei weitere diesem Format zuordnen. Dabei sind alle zugeordneten Filme sehr archetypenlastig und es tauchen lediglich in zwei Geschichten kurzzeitig Antiarchetypen auf, die von motivationalen Barrieren angetrieben werden. Zwischen den drei Motivsystemen Sicherheit, Erregung und Autonomie wechseln die Protagonisten bei diesem Format nur äußerst selten. Dieses Phänomen zeigt sich ebenfalls beim eben vorgestellten Werbespot von Mercedes-Benz, in dem sich der kleine Junge kontinuierlich vom Erregungssystem und der Polizist von dem Motivsystem der Sicherheit leiten lässt.

3.7 Der Selbsthelfer

Auch das Format des Selbsthelfers beginnt mit der Hinführung, bei der die Protagonisten bzw. der Protagonist und dessen Umfeld vorgestellt werden. Hier tauchen bereits erste Hinweise auf die Krise auf. Das volle Ausmaß der persönlichen Krise des Protagonisten offenbart sich dann im zweiten Akt der Geschichte. Der Protagonist durchläuft anschließend eine Verwandlung und befreit sich im dritten Teil nach und nach selbst aus seiner Krise. Letztlich kommt es zur vollkommenen Verwandlung und die Geschichte wird mit einem erlösenden Schluss beendet.

Als Beispiel für den Selbsthelfer dient das YouTube-Video „HomePod – Welcome Home" von Apple, das von einer jungen Frau handelt, die sich eingeengt und einsam fühlt. Doch sie verwandelt sich und gestaltet ihr Umfeld in ihrer Fantasie so, wie es sie glücklich macht und befreit sich schließlich vollkommen aus ihrer Krise (Tab. 3.7). Die Verlinkung zum Video des Werbespots auf YouTube ist Abb. 3.8 zu entnehmen.

In den ersten beiden Teilen Hinführung und Krise wird die Frau gänzlich von der motivationalen Barriere Furcht beherrscht und repräsentiert den Antiarchetyp des einsamen und melancholischen Opfers. Als die Musik einsetzt und sie zu tanzen beginnt, entwickelt sich die negative Ausprägung des Motivsystems Erregung in die positive Ausprägung Neugier und offenbart den Archetyp des Künstlers in ihr. Sie kreiert sich ihre eigene Welt nach ihren Vorstellungen und befreit sich aus der Opferrolle. Am Ende der Geschichte hat sie sich zu einer selbstsicheren

Tab. 3.7 Der Selbsthelfer am Beispiel von Apple „HomePod – Welcome Home"

Handlung	Charakter				Geschichte
	Protagonist	Motivsystem	Motivationale(r) Verstärker Barriere	• Archetyp • Antiarchetyp	
Hinführung	1. Frau	1. Erregung	1. Furcht	1. Opfer	Eine junge Frau ist auf dem Nachhauseweg. Sie steht in der überfüllten U-Bahn und geht durch die überlaufenen Straßen einer Großstadt
Krise	1. Frau	1. Erregung	1. Furcht	1. Opfer	Dicht gedrängt steht sie im Aufzug zu ihrer Wohnung, die dunkel und bedrückend wirkt. Sie sagt, dass Siri Musik spielen soll, die ihr gefällt
Verwandlung	1. Frau	1. Erregung	1. Neugier	1. Künstler	Die Frau fängt an sich zur Musik zu bewegen. Sie tanzt und die Möbel vergrößern sich, wie sie es vorgibt. Die Wohnung wird größer und heller
Erlösung/Schluss	1. Frau	1. Autonomie	1. Behauptung	1. Amazone	Sie tanzt weiter und wirft sich zufrieden auf ihr Sofa
Botschaft	Gestalte das Leben so, dass es dich glücklich macht				

Quelle: Eigene Darstellung in Anlehnung an Apple (2018)

Abb. 3.8 Verlinkung zum Video
von Apple „HomePod – Welcome
Home"

QR-Code und Link zum Video
https://bit.ly/2Qsr7ql

und starken Frau verwandelt (Archetyp Amazone). Die junge Frau hat sich durch die Musik und den Tanz aus ihrer Krise befreit und ist der Furcht entkommen (Pätzmann und Hartwig 2018, S. 14 ff.). Die Botschaft des Videos ist, dass sich jeder sein Leben so gestalten kann, wie es ihn (oder sie) glücklich macht.

Der Selbsthelfer ist eines der beliebtesten Formate und immerhin fast ein Zehntel der analysierten Sujets lassen sich diesem eindeutig zuordnen. Bei allen zugehörigen Werbespots kommen dabei am Anfang der Geschichte Antiarchetypen zum Einsatz. Diese verwandeln sich im dritten Akt fast ausnahmslos zu Archetypen. Ein weiteres Muster ist der häufige Einsatz von Archetypen, die von dem motivationalen Verstärker Behauptung angetrieben werden. Bei acht Werbespots konnte dieses Muster beobachtet werden. Bei den anderen Formaten werden die Archetypen dieser Ausprägung meist weniger häufig am Ende der Geschichte eingesetzt.

3.8   Der Retter in der Not

Der strukturelle Aufbau der Handlung dieses Formates besteht ebenfalls aus vier Teilen und ist dem Handlungsaufbau des eben vorgestellten Formats des Selbsthelfers sehr ähnlich. Der einzige Unterschied besteht darin, dass sich der Protagonist nicht selbst aus der Krise befreit, sondern stattdessen durch die Hilfe eines Verbündeten verwandelt und schließlich erlöst wird. Nach der Hinführung wird die Krise im zweiten Akt dramatisiert. Ein Verbündeter hilft dem Hauptprotagonisten die Krise zu überwinden und sich zu verwandeln, bevor die Geschichte einen erlösenden Schluss findet.

Das YouTube-Video „Weihnachten braucht nicht viel. Nur Liebe" der Supermarktkette Penny dient als Beispiel zur Veranschaulichung des archetypischen Storytelling-Formats des Retters in der Not in Tab. 3.8. In dieser Geschichte geht es um einen kleinen Jungen namens Emil und seine Mutter, die in Armut leben. Die Mutter erschafft für ihren Sohn ein unvergessliches Geschenk zu Weihnachten und so wird dieser aus seiner Krise befreit (ErstmalzuPenny 2018). Die Botschaft der Geschichte ist, dass der materielle Wert eines Geschenkes unbedeutend ist, denn die schönsten Geschenke kosten nicht viel, sondern kommen von Herzen.

Tab. 3.8 Der Retter in der Not am Beispiel von Penny „Weihnachten braucht nicht viel. Nur Liebe."

Handlung	Charakter		Motivationale(r) Verstärker Barriere	• Archetyp • Antiarchetyp	Geschichte
	Protagonist	Motivsystem			
Hinführung	1. Emil 2. Mutter	1. Erregung 2. Sicherheit	1. Neugier 2. Bindung	1. Engel 2. Mutter, Held	Eine Mutter wohnt mit ihrem Sohn in ärmlichen Verhältnissen. Sie ist erschöpft und näht trotzdem nachts ein Eisbärenkostüm für ihren Sohn Emil
Krise	1. Emil 2. Mutter 3. Kinder	1. Erregung 2. Sicherheit 3. Autonomie	1. Furcht 2. Bindung 3. Unterwerfung	1. Aussätziger 2. Mutter 3. Tyrann	An Halloween wird Emil wegen seines selbst genähten Kostüms von den anderen Kindern ausgelacht
Verwandlung mithilfe eines Verbündeten	1. Emil 2. Mutter	1. Erregung 2. Sicherheit	1. Neugier 2. Bindung	1. Entdecker 2. Mutter, Held	Es ist Weihnachten, doch es liegt kein Geschenk unter dem Weihnachtsbaum. Schneeabdrücke führen Emil zum Schuppen und als er die Türe öffnet erstreckt sich eine Polarlandschaft vor ihm. Er springt über die Eisschollen, rutscht Eisberge hinunter und landet im Schuppen
Erlösung/ Schluss	1. Emil 2. Mutter	1. Erregung 2. Sicherheit	1. Neugier 2. Bindung	1. Frohnatur 2. Mutter, Held	Die Polarlandschaft besteht aus weißen Bettlaken, Kissen und Tüchern an der Decke. Emil läuft zu seiner Mutter und nimmt sie glücklich in den Arm
Botschaft	Die schönsten Geschenke müssen nicht teuer sein, sondern von Herzen kommen				

Quelle: Eigene Darstellung in Anlehnung an ErstmalzuPenny (2018)

Abb. 3.9 Verlinkung zum Video von Penny „Weihnachten braucht nicht viel. Nur Liebe."

QR-Code und Link zum Video
https://bit.ly/2RFPr4a

Die Mutter verkörpert durchgängig den Archetyp der fürsorglichen Mutter, die nach Bindung strebt und in drei der vier Akte zusätzlich von Eigenschaften des aufopferungsvollen Helden begleitet wird. Emil ist zu Beginn der Geschichte dem Archetyp des Engels zuzuordnen, denn er wirkt unschuldig und rein. Bei dem Zusammentreffen mit den anderen Kindern (Antiarchetyp Tyrann), die ihn wegen seines selbst genähten Kostüms diskriminieren, verkörpert Emil den Antiarchetyp des andersartigen und verunsicherten Aussätzigen. Seine Mutter möchte nicht, dass er leidet, beschert ihm ein unvergessliches Weihnachtsfest und befreit ihn aus seiner Krise. Durch die Überraschung kommen schließlich die Archetypen Entdecker und Frohnatur in dem Jungen zum Vorschein (Pätzmann und Hartwig 2018, S. 7 ff.). Der QR-Code und der Link zum Clip auf YouTube sind in Abb. 3.9 zu finden.

Noch beliebter als das Format des Selbsthelfers ist nur der Retter in der Not. Fast jeder fünfte Werbespot lässt sich diesem Storytelling-Format zuteilen. Und auch dieses zeigt deutliche Muster beim Einsatz von Archetypen und motivationalen Ausprägungen der drei Motivsysteme. So wurden bei 26 der 27 zutreffenden Werbespots Antiarchetypen bei der Krise eingesetzt, die von der motivationalen Barriere Furcht angetrieben werden. Ein weiteres sehr eindeutiges Muster lässt sich im dritten Akt erkennen. Hier verkörpert der Verbündete in den meisten Werbespots einen Archetyp des motivationalen Verstärkers Bindung, wobei besonders häufig der Archetyp Freund zum Einsatz kommt, der zusätzlich über Eigenschaften des Helden verfügt. Zudem wird die Geschichte in 22 Werbespots mit dem Archetyp Frohnatur beendet.

3.9   Der Träumer

Das archetypische Storytelling-Format des Träumers setzt sich aus sieben Teilen zusammen. Den Beginn macht auch hier die Hinführung, in der ein erstes Bild über das Umfeld und die Welt, in der die Geschichte spielt, vermittelt wird. Anschließend folgt eine Krise des Hauptprotagonisten. Dieser hat einen Traum und versucht dem Alltag und seiner derzeitigen Situation zu entkommen, doch er erleidet einen Rückschlag und befindet sich aufs Neue in seiner Krise vom Beginn der Geschichte. Anschließend kommt es zu einer Erleuchtung, woraus der Protagonist neue Kraft schöpft und weiter versucht seinen Traum zu verwirklichen. Das Ziel rückt immer näher, bis es schließlich zur Verwandlung des Protagonisten kommt und dieser im erlösenden Schluss seinen Traum verwirklicht.

Als Beispiel zur Demonstration dieses archetypischen Storytelling-Formates in Tab. 3.9 dient der Film „Eatkarus" von Edeka. Hauptprotagonist dieser Geschichte ist ein Junge namens Eatkarus, der in einer Welt voller dicker und fauler Menschen lebt und davon träumt, wie ein Vogel zu fliegen. Sein Traum erfüllt sich, weil er beginnt sich gesund (wie ein Vogel) zu ernähren (EDEKA 2017). Die Botschaft, die Edeka mit dem Video vermittelt ist, dass Träume verwirklicht werden können, wenn die Ernährung an die des Vorbilds angepasst wird.

Zu Beginn der Geschichte kann Eatkarus dem Antiarchetyp Opfer zugeordnet werden, denn er ist unglücklich und wirkt haltlos. Als er dann den Vogel vor dem Fenster sieht, kommt der sehnsüchtige Entdecker in ihm hervor und er versucht ehrgeizig und hingebungsvoll seinen Traum vom Fliegen zu verwirklichen. Doch keiner seiner Versuche ist erfolgreich und er fällt aufs Neue in die motivationale Barriere Furcht und die Rolle des Opfers. Am Tiefpunkt angekommen beobachtet er den Vogel und sieht wie dieser Beeren isst. Dabei kommt ihm die Erleuchtung und er schöpft neue Energie, um seinen Traum zu erfüllen. Wild entschlossen und unverwüstlich (Archetyp Held) macht er sich an die Arbeit und bastelt sich Flügel, wobei er sich ab diesem Zeitpunkt, genau wie der Vogel, nur noch von Beeren ernährt. Er beweist Disziplin (Archetyp Musterschüler) und steht nach einiger Zeit schlank in den Straßen der kleinen Stadt. Mit seinen Flügeln an den Armen läuft er los und hebt schließlich ab. Bei dem Flug über die Stadt verkörpert er den Archetyp der unbeschwerten und zuversichtlichen Frohnatur (Pätzmann und Hartwig 2018, S. 16 ff.). Der QR-Code und der Link zum Video auf YouTube sind Abb. 3.10 zu entnehmen.

Es lassen sich vier Sujets dem archetypischen Storytelling-Format des Träumers zuordnen. Dabei sind auch hier deutliche motivationale Muster erkennbar. Bei der Krise und dem Rückschlag werden in allen Geschichten Antiarchetypen eingesetzt, die der motivationalen Barriere Furcht folgen. In allen vier Werbespots kam dabei der Antiarchetyp Opfer zum Einsatz. Weiter wird im dritten Akt stets zum Archetyp Entdecker gegriffen und bei der Erleuchtung werden ebenfalls bei allen zutreffenden Werbespots Archetypen verwendet, die dem motivationalen Verstärker Behauptung zugeordnet sind. In allen Geschichten erfolgt zudem am Ende eine Spiegelung des Antiarchetyps Opfer (in der Krise oder dem Rückschlag) zum Archetyp Frohnatur.

Tab. 3.9 Der Träumer am Beispiel von Edeka „Eatkarus"

Handlung	Charakter				Geschichte
	Protagonist	Motivsystem	Motivationale(r) Verstärker Barriere	• Archetyp • Antiarchetyp	
Hin-führung					Die Geschichte spielt in einer Welt, in der alle Menschen sehr dick sind, sich nur schwerfällig bewegen und unablässig einen grauen Brei essen
Krise	1. Eatkarus	1. Erregung	1. Furcht	1. Opfer	Eatkarus sitzt mit seiner Familie am Tisch und alle essen den grauen Brei
Traum	1. Eatkarus	1. Erregung	1. Neugier	1. Entdecker	Er schaut aus dem Fenster und sieht einen Vogel davonfliegen. Der Junge schaut ihm sehnsüchtig hinterher. Er möchte auch fliegen können
Rück-schlag	1. Eatkarus	1. Erregung	1. Furcht	1. Opfer	Doch alle seine Flugversuche bleiben erfolglos und er weint vor Enttäuschung
Erleuch-tung	1. Eatkarus	1. Autonomie	1. Behauptung	1. Genie	Der Vogel landet auf einem Strauch und isst die Beeren. Eatkarus beobachtet, was der Vogel isst und nimmt sich eine Beere
Ver-wandlung	1. Eatkarus	1. Autonomie	1. Behauptung	1. Muster-schüler, 1. Held	Zuhause läuft er in sein Zimmer, stellt Beeren neben sich auf den Tisch und beginnt zu basteln. Die Zeit vergeht und Eatkarus steht schlank mit seinen gebastelten Flügeln auf der Straße. Die dicken Menschen schauen verwundert, als er beginnt zu laufen und die Arme ausbreitet. Der Vogel fliegt über ihm
Erlösung/ Schluss	1. Eatkarus	1. Erregung	1. Neugier	1. Frohnatur	Er hebt ab und fliegt gemeinsam mit dem Vogel über die Stadt

Botschaft Iss wie der, der du sein willst und verwirkliche deinen Traum

Quelle: Eigene Darstellung in Anlehnung an EDEKA (2017)

QR-Code und Link zum Video
https://bit.ly/2l8a3TY

3.10   Der Zeitraffer

Das Storytelling-Format des Zeitraffers beginnt mit einer Hinführung, in der die Protagonisten vorgestellt werden. Die Geschichte spielt zunächst in der Vergangenheit und entwickelt sich chronologisch bis in die Gegenwart. Der Zeitsprung kann dabei in zwei oder mehreren Etappen stattfinden.

Zur Veranschaulichung dieses archetypischen Storytelling-Formates wird als Beispiel in Tab. 3.10 das YouTube-Video „The Story of Sarah & Juan" des Kaugummiherstellers Extra Gum herangezogen. Der Werbespot zeigt die Liebesgeschichte von Sarah und Juan, die in der Vergangenheit mit dem Kennenlernen der beiden beginnt und mit dem Heiratsantrag in der Gegenwart endet (extragum 2015). Über die ganze Geschichte hinweg werden die beiden von den Kaugummis begleitet. Dies ist zugleich die Botschaft, die vermittelt wird und den Kaugummi als beständigen Begleiter durch das gesamte Leben darstellt.

In der Schule begegnen sich Sarah und Juan das erste Mal. Dabei verkörpert Sarah den Archetyp des unschuldigen Engels und Juan den Archetyp des hilfsbereiten Freundes, der Sarah sofort zu Hilfe eilt, als diese ihre Bücher fallen lässt. Die Liebesgeschichte nimmt ihren Lauf und bei dem ersten Kuss der beiden im Auto können sie dem Archetyp des schüchternen und gutgläubigen Engels zugeordnet werden. Im weiteren Verlauf der Geschichte durchleben sie Höhen und Tiefen, aber vertragen sich immer wieder. Bei dem Heiratsantrag von Juan in der Gegenwart verkörpert er eine Verschmelzung der beiden Archetypen Held (mutig) und Frohnatur (zuversichtlich). Sarah wird dabei ebenfalls von dem motivationalen Verstärker Neugier geleitet, verkörpert jedoch den Archetyp der begehrenswerten und attraktiven Schönheit (Pätzmann und Hartwig 2018, S. 10 ff.). Die Verlinkung zum Werbespot auf YouTube ist in Abb. 3.11 zu finden.

Dem Storytelling-Format des Zeitraffers lassen sich dreizehn Spots zuordnen, die sich wiederum in zwei Rubriken unterteilen lassen: Liebes- und Lebensgeschichten. Neben dem eben vorgestellten Beispiel gehören zu den Liebesgeschichten weitere vier Spots. Besonders häufig bedienen sich Liebesgeschichten Archetypen des motivationalen Verstärkers Neugier, wobei am Ende der Geschichte in den meisten Fällen die Frohnatur zum Einsatz kommt.

Tab. 3.10 Der Zeitrafer am Beispiel von Extra Gum „The Story of Sarah & Juan"

Handlung	Charakter	Motivsystem	Motivationale(r) Verstärker Barriere	• Archetyp • Antiarchetyp	Geschichte
	Protagonist				
Hinführung	1. Sarah 2. Juan	1. Erregung 2. Sicherheit	1. Neugier 2. Bindung	1. Engel 2. Freund	Sarah und Juan treffen sich das erste Mal an ihrer Schule. Ihr fallen die Bücher aus der Hand und Juan eilt ihr zu Hilfe. Zum Dank bietet sie ihm einen Kaugummi an
Vergangenheit	1. Sarah 2. Juan	1. Erregung 2. Erregung	1. Neugier 2. Neugier	1. Engel 2. Engel	Die beiden sitzen im Auto und küssen sich. Juan zeichnet etwas auf ein Kaugummipapier, als Sarah aussteigt
	1. Sarah 2. Juan	1. Erregung 2. Erregung	1. Neugier 2. Neugier	1. Frohnatur 2. Frohnatur	Sie erleben gemeinsam schöne Momente und albern herum
	1. Sarah 2. Juan	1. Sicherheit 2. Erregung	1. Bindung 2. Furcht	1. Freund 2. Opfer	Es kommt zum Streit, weil Sarah wegzieht. Sie bietet Juan einen Kaugummi an und die beiden vertragen sich wieder
Gegenwart	1. Sarah 2. Juan	1. Erregung 2. Erregung	1. Neugier 2. Neugier	1. Schönheit 2. Frohnatur, Held	Sarah betritt einen Laden. An der Wand hängen Bilderrahmen mit Kaugummipapieren, die gemeinsame Momente der beiden zeigen. Der letzte Bilderrahmen zeigt einen Heiratsantrag. Sarah dreht sich herum und Juan geht vor ihr auf die Knie
Botschaft	Es gibt Dinge, die einen durchs ganze Leben begleiten				

Quelle: Eigene Darstellung in Anlehnung an extragum (2015)

Abb. 3.11 Verlinkung zum
Video von Extra Gum „The
Story of Sarah & Juan"

QR-Code und Link zum Video
https://bit.ly/1jQkPfv

Abb. 3.12 Verlinkung zum
Video von Kaufland „Das
Geschenk"

QR-Code und Link zum Video
https://bit.ly/2tmt0Xl

Die Lebensgeschichten sind zumeist so aufgebaut, dass die Geschichte mit dem Hauptprotagonisten als Kleinkind startet und damit endet, dass dieser selbst ein Kind bekommt. Ein schönes Beispiel hierfür ist der Clip „Das Geschenk" von Kaufland (2018). Die Verlinkung zum Video auf YouTube ist Abb. 3.12 zu entnehmen. Insgesamt sieben der zu diesem Format gehörigen Werbespots zeigen die Lebensgeschichte einer Person. Diese beginnen mehrheitlich mit dem Archetyp Engel, der sich im Laufe der Geschichte zu einem Archetyp des motivationalen Verstärkers Bindung entwickelt. Häufig wird dabei der Archetyp Mutter eingesetzt.

3.11   Die Rückblende

Dieses Storytelling-Format beginnt mit der Hinführung, die in der Gegenwart stattfindet. Darauf folgt die Rückblende in die Vergangenheit, in der die Hintergründe aufgezeigt werden, welche die gegenwärtige Situation hervorgerufen haben. Zurück in der Gegenwart endet die Geschichte dann in den meisten Fällen mit einem erlösenden Schluss.

In Tab. 3.11 ist das Storytelling-Format anhand des deutschen YouTube-Videos „Therapie" von IKEA veranschaulicht. Hauptprotagonisten sind hier ein Mann und eine Frau, in deren Wohnung eine derartige Unordnung herrscht, dass die beiden zum Paartherapeuten gehen (IKEA Deutschland 2018). Die Werbebotschaft, die IKEA durch diese Geschichte vermittelt ist, dass das Möbelhaus eine Lösung für jedes Ordnungsproblem bereithält.

Die Hauptprotagonisten können zu Beginn der Geschichte dem Antiarchetyp des nachtragenden und unversöhnlichen Rächers zugeordnet werden, denn keiner von beiden ist bereit, dem anderen den Vortritt beim Erzählen der Probleme zu lassen. Der Therapeut ist offen für ihre Probleme und verkörpert den Archetyp Engel. In der Rückblende in die Vergangenheit wird die Problematik verdeutlicht, weshalb das Paar beim Therapeuten sitzt. Die Konflikte der beiden spitzen

Tab. 3.11 Die Rückblende am Beispiel von IKEA „Therapie"

Handlung	Charakter Protagonist	Motivsystem	Motivationale(r) Verstärker Barriere	• Archetyp • Antiarchetyp	Geschichte
Hinführung/ Gegenwart	1. Mann 2. Frau 3. Therapeut	1. Autonomie 2. Autonomie 3. Erregung	1. Unterwerfung 2. Unterwerfung 3. Neugier	1. Rächer 2. Rächer 3. Engel	Ein Pärchen sitzt beim Therapeuten. Er fragt, aus welchem Grund die beiden da sind Sie können es kaum abwarten und fangen gleichzeitig an zu erzählen
Vergangenheit	1. Mann 2. Frau	1. Autonomie 2. Autonomie	1. Unterwerfung 2. Unterwerfung	1. Rebell, Zerstörer 2. Rebell, Zerstörer	Die unordentliche Wohnung der beiden wird gezeigt. Der Mann und die Frau entsorgen gegenseitig ihre Sachen, die im Weg herumliegen. Dabei spitzen sich die Situationen zu und die Aktionen der beiden werden bösartiger und zerstörerischer. Letztlich versucht die Frau sogar mit einem Bagger die Sachen ihres Mannes zu zerstören
Gegenwart	3. Therapeut	3. Autonomie	3. Behauptung	3. Mentor	Der Therapeut fragt, ob der einzige Grund die Unordnung ist und holt einen IKEA-Katalog hervor
Erlösung/ Schluss	1. Mann 2. Frau	1. Sicherheit 2. Sicherheit	1. Bindung 2. Bindung	1. Freund 2. Freund	Das Pärchen sitzt versöhnlich auf dem Sofa der ordentlichen Wohnung mit IKEA-Regalen an den Wänden
Botschaft	Was sich auch angestaut hat, IKEA ist auf alles eingerichtet				

Quelle: Eigene Darstellung in Anlehnung an IKEA Deutschland (2018)

Abb. 3.13 Verlinkung
zum Video von IKEA
„Therapie"

QR-Code und Link zum Video
https://bit.ly/2KTIuNs

sich zunehmend zu und die Racheaktionen werden vermehrt aggressiver und bösartiger (Antiarchetyp Zerstörer). Sie provozieren sich gegenseitig und nehmen dabei antiarchetypische Eigenschaften des Rebellen ein. In der Gegenwart gibt der Therapeut den beiden einen hilfreichen Ratschlag (Archetyp Mentor) und zum Ende der Geschichte sitzen der Mann und die Frau versöhnlich in ihrer Wohnung (Archetyp Freund), denn das Problem der Unordnung wurde beseitigt (Pätzmann und Hartwig 2018, S. 10 ff.). Das Sujet ist auf YouTube mithilfe des QR-Codes oder des Links in Abb. 3.13 zu finden.

Acht der 150 analysierten Videos gehören zu diesem archetypischen Storytelling-Format. Bei den zutreffenden Filmen lassen sich grundsätzlich archetypische und motivationale Muster erkennen. Besonders zu Beginn der Geschichte und bei der Rückblende in die Vergangenheit werden gehäuft Antiarchetypen eingesetzt. Am Ende der Geschichte kommen hingegen ausschließlich Archetypen zum Einsatz. Dabei werden in fünf Werbespots Archetypen genutzt, die durch den motivationalen Verstärker Bindung angetrieben werden.

3.12   Das tragische Ende

Das tragische Ende ist ein archetypisches Storytelling-Format, das sich aus drei Akten zusammensetzt. Im ersten Akt, der Hinführung, werden die Protagonisten und deren Umfeld dargestellt. Dieser Teil der Geschichte besitzt das niedrigste Spannungsniveau. Im zweiten Akt macht sich allmählich die Krise bemerkbar, welche dann immer weiter anschwillt und schließlich im dritten und letzten Akt ihren Höhepunkt findet, mit dem die Geschichte auf tragische Weise beendet wird.

Der Film „Gift" des weltweit aktiven Tiergesundheitsunternehmens Zoetis dient als Beispiel zur Demonstration dieses Storytelling-Formates (Zoetis 2019) in Tab. 3.12. Die Geschichte des Videos handelt von der Adoption eines Mädchens, die ein tragisches Ende nimmt. Am Schluss der Geschichte wird aufgeklärt, dass das Mädchen in Wirklichkeit ein Hund ist, der ausgesetzt wurde (Zsemberi Film 2015). Die Botschaft von Zoetis wird dadurch verstärkt und unterstreicht die Gleichheit aller Lebewesen. Eine Adoption sollte ausschließlich nach reiflicher Überlegung durchgeführt werden, unbedeutend ob es Menschenkinder oder Tiere betrifft.

Tab. 3.12 Das tragische Ende am Beispiel von Zoetis „Gift"

Handlung	Charakter				Geschichte
	Protagonist	Motivsystem	Motivationale(r) Verstärker Barriere	• Archetyp • Antiarchetyp	
Hinführung	1. Mädchen 2. Familie	1. Erregung 2. Erregung	1. Neugier 2. Neugier	1. Engel 2. Frohnatur	Eine Familie adoptiert ein Mädchen und der Vater holt es aus dem Kinderheim ab. Alle freuen sich und die beiden Kinder spielen miteinander
Langsames Anschwellen der Krise	1. Mädchen 2. Familie	1. Erregung 2. Autonomie	1. Furcht 2. Unterwerfung	1. Aussätziger 2. Tyrann, Zerstörer	Doch dann stößt das adoptierte Mädchen versehentlich bei einer Feier ein Glas Wein um und die Stimmung beginnt zu kippen. Die Mutter schimpft und auch der Vater ist verärgert. Das Mädchen wird von allen ignoriert
Höhepunkt der Krise/Schluss	1. Mädchen 2. Familie	1. Erregung 2. Autonomie	1. Furcht 2. Unterwerfung	1. Aussätziger 2. Tyrann, Zerstörer	Die Situation eskaliert und der Vater fährt mit dem Mädchen in ein abgelegenes Waldstück, setzt es aus und fährt davon Er schaut in den Rückspiegel und sieht einen traurigen Hund mit seinem Kuscheltier alleine auf dem Weg sitzen
Botschaft	Alle Lebewesen sind gleich, daher sollten auch Tiere nicht ohne nachzudenken adoptiert werden				

Quelle: Eigene Darstellung in Anlehnung an Zsemberi Film (2015)

Abb. 3.14 Verlinkung zum
Video von Zoetis „Gift"

QR-Code und Link zum Video
https://bit.ly/1E6OjsP

Am Anfang der Geschichte werden ausschließlich Archetypen eingesetzt, die dem motivationalen Verstärker Neugier zugeordnet sind. Das adoptierte Mädchen verkörpert dabei den Archetyp des unschuldigen und aufgeschlossenen Engels. Die Familie freut sich auf das neue Mitglied und kann dem Archetyp der positiven und zuversichtlichen Frohnatur zugeteilt werden. Im zweiten Akt beginnt die Stimmung allmählich zu kippen und das Mädchen entwickelt sich zum verachteten und verunsicherten Antiarchetyp des Aussätzigen. Schuld daran ist die Familie, die sie kaltherzig ignoriert (Zusammenschluss der Antiarchetypen Zerstörer und Tyrann). Die Krise wird im dritten Akt auf die Spitze getrieben, indem die Antiarchetypen intensiviert werden und ihr volles Ausmaß zeigen. So wird das kleine Mädchen am Schluss erbarmungslos und kaltherzig von dem Vater der Familie im Wald zurückgelassen (Pätzmann und Hartwig 2018, S. 12 ff.). Das Video ist auf YouTube unter dem QR-Code und dem Link in Abb. 3.14 zu finden.

Fünf Werbespots lassen sich dem archetypischen Storytelling-Format des tragischen Endes zuordnen. Bei der archetypischen Analyse der Geschichten lässt sich erkennen, dass vier der fünf Werbespots mit Archetypen beginnen, die sich dann im weiteren Verlauf zu Antiarchetypen verwandeln. Am häufigsten wurden auch bei diesem Format Archetypen und Antiarchetypen des Motivsystems Erregung verwendet. Beliebt ist dabei die Spiegelung des Archetyps Frohnatur zu dem gegensätzlichen Antiarchetyp Opfer.

3.13 Der Schocker

Dieses Storytelling-Format ähnelt dem des klassischen Fünfakters und setzt sich ebenfalls aus fünf Akten zusammen. Die Geschichte wird in der Hinführung eingeleitet, woraufhin eine Handlungssteigerung erfolgt und die Geschichte allmählich spannender wird. Der Höhepunkt bildet auch hier den spannendsten Teil und sorgt für die größte Aufmerksamkeit bis dahin. Bevor die Handlung jedoch abfällt und an Spannung verliert, passiert etwas Unerwartetes, ein Schock, der nicht vorhersehbar ist. Am Schluss der Geschichte wird die Situation schließlich aufgeklärt, wobei der Schock dabei noch nachhallt.

Für den Schocker dient das Video „Evan" der amerikanischen Non-Profit-Organisation Sandy Hook Promise als Beispiel zur Veranschaulichung des Storytelling-Formates in Tab. 3.13 (Sandy Hook Promise 2019). Da der Schock im Werbespot unerwartet ist, wird empfohlen, zuerst das Video auf YouTube anzuschauen, bevor die Geschichte und der Schock im weiteren Verlauf beschrieben werden. Die Verlinkung zum Werbespot ist Abb. 3.15 zu entnehmen.

Der Clip handelt von einer netten Geschichte des Kennenlernens zweier Schüler. Als die beiden sich endlich persönlich begegnen, passiert der Schock: ein Amoklauf an der Schule. Der Attentäter war dabei die ganze Zeit im Hintergrund zu sehen, wurde jedoch nicht beachtet, da sich der Zuschauer nur auf die nette Geschichte konzentrierte. Sandy Hook Promise (2016) will mit diesem gesellschaftskritischen Film die Augen der Zuschauer öffnen und auf die Anzeichen von Waffengewalt hinweisen, sodass diese in Zukunft erkannt und Amokläufe verhindert werden können.

Evan wird in den ersten drei Akten von dem motivationalen Verstärker Neugier angetrieben und kann dabei den Archetypen der unbeschwerten Frohnatur und dem neugierigen Entdecker zugeordnet werden. Als sich die beiden Schüler in der Turnhalle schließlich kennenlernen, verkörpert das Mädchen den unschuldigen und aufgeschlossenen Engel und Evan die zuversichtliche Frohnatur. Der Attentäter betritt die Turnhalle. Die Eigenschaften der Antiarchetypen Rächer (rachsüchtig, unversöhnlich) und Zerstörer (hasserfüllt, brutal) beschreiben diesen wohl am besten. Evan und das Mädchen sind machtlos und können sich nicht gegen die Waffengewalt wehren (Antiarchetyp Feigling). In der Auflösung wird sichtbar, dass es deutliche Anzeichen dafür gab, dass der Amokläufer ein Attentat plant. Dabei konnte er stets dem Motivsystem Autonomie mit dem Ziel der Unterwerfung zugeordnet werden (Pätzmann und Hartwig 2018, S. 12 ff.).

Neben dem eben vorgestellten Clip lässt sich noch der Film „Moments" von Volvo Cars (2017) diesem archetypischen Storytelling-Format zuordnen. In beiden Sujets gibt es einen Hauptprotagonisten, der beim Schock den Antiarchetyp des wehrlosen Feiglings verkörpert und in eine schockierende Situation gerät, die von einem anderen Protagonisten verursacht wird.

Tab. 3.13 Der Schocker am Beispiel von Sandy Hook Promise „Evan"

Handlung	Charakter				Geschichte
	Protagonist	Motivsystem	Motivationale(r) Verstärker Barriere	• Archetyp • Antiarchetyp	
Hinführung	1. Evan	1. Erregung	1. Neugier	1. Frohnatur	Evan sitzt in der Bibliothek seiner Schule und schreibt auf den Tisch, dass er Langeweile hat. Als er sich an einem anderen Tag wieder an den Tisch setzt, hat jemand auf seine Nachricht geantwortet
Handlungs-steigerung	1. Evan	1. Erregung	1. Neugier	1. Entdecker	Es entsteht eine Konversation. Evan fragt, wer die andere Person ist, doch die Bibliothek schließt über den Sommer und er hat keine Möglichkeit, die Antwort zu lesen
Höhepunkt	1. Evan 2. Mädchen	1. Erregung 2. Erregung	1. Neugier 2. Neugier	1. Frohnatur 2. Engel	Er steht in der Turnhalle und schreibt in das Jahrbuch eines Mädchens. Die Freundin des Mädchens sieht seine Schrift und gibt sich als die Person aus der Bibliothek zu erkennen
Schock	1. Evan 2. Mädchen 3. Junge	1. Erregung 2. Erregung 3. Autonomie	1. Furcht 2. Furcht 3. Unterwerfung	1. Feigling 2. Feigling 3. Rächer, Zerstörer	Zur gleichen Zeit öffnet sich die Türe der Sporthalle, ein Junge betritt diese mit einer Waffe in der Hand und die Schüler schreien vor Angst
Auflösung/ Schluss	3. Junge	3. Autonomie	3. Unterwerfung	3. Rächer, Zerstörer	Die Originalszenen vom Anfang werden nochmals eingeblendet. Im Hintergrund ist immer der Amokläufer (nun hervorgehoben) zu sehen und es sind Anzeichen zu erkennen, dass er ein Attentat plant

Botschaft   Waffengewalt ist vermeidbar, wenn die Anzeichen dafür bekannt sind

Quelle: Eigene Darstellung in Anlehnung an Sandy Hook Promise (2016)

Abb. 3.15 Verlinkung
zum Video von Sandy Hook
Promise „Evan"

QR-Code und Link zum Video
https://bit.ly/2h6BaPV

3.14   Der Tagträumer

Der Tagträumer besteht aus drei wesentlichen Teilen: der Hinführung mit einer
Krise, dem Tagtraum selbst und dem Schluss. In der Hinführung werden die
Protagonisten und deren Umgebung dargelegt, wobei der Hauptprotagonist in
einer persönlichen Krise gefangen ist. Der Tagtraum bildet die Geschichte in der
Geschichte und besteht aus einem eigenen archetypischen Storytelling-Format.
Am Schluss erwacht der Hauptprotagonist aus seinem Tagtraum und befreit sich
durch die Erfahrungen, die er während des Traums gesammelt hat, aus seiner
Krise.

Diesem Format lassen sich zwei der 150 analysierten Werbespots zuordnen.
Der Superbowl-Werbespot „Monster" von dem amerikanischen Unternehmen
Monster Store veranschaulicht das archetypische Storytelling-Format des Tag-
träumers (Monster Store 2018) in Tab. 3.14. Hauptprotagonist ist ein junger
Mann, der in einer Welt lebt, in der alle Menschen Headsets tragen außer ihm.
Sein Tagtraum handelt davon, die Welt mit neuen Kopfhörern zu revolutionieren.
Er wacht schließlich daraus auf und hat einen entschlossenen Blick. Der Tagtraum
selbst besteht bei diesem Beispiel aus dem archetypischen Storytelling-Format
des Retters in der Not. Die Botschaft des Unternehmens ist, dass die Menschen
besseres verdienen.

Am Anfang des YouTube-Videos sitzt der Mann als einziger ohne ein Head-
set in der U-Bahn. Er wirkt mutlos und andersartig (Antiarchetyp Aussätziger).
Als sich die Türen öffnen sieht er eine Sängerin auf dem Bahnsteig stehen und
fällt in den Tagtraum. In diesem befreit ihn die Sängerin von seiner Furcht und er
verkörpert am Ende die zuversichtliche und robuste Frohnatur. Die Selbstsicher-
heit und die Stärke aus dem Traum geben ihm neue Kraft und er erwacht als ent-
schlossener Held mit archetypischen Eigenschaften des Anführers (bedeutsam,
selbstsicher) (Pätzmann und Hartwig 2018, S. 12 ff.). Die Langfassung des Videos
ist auf YouTube verfügbar und unter dem Link in Abb. 3.16 zu finden.

Tab. 3.14 Der Tagträumer am Beispiel von Monster Store „Monster"

Handlung		Charakter				Geschichte
		Protagonist	Motivsystem	Motivationale(r) Verstärker Barriere	• Archetyp • Antiarchetyp	
Hinführung mit Krise		1. Mann 2. Frau	1. Erregung 2. Erregung	1. Furcht 2. Neugier	1. Aussätziger 2. Künstler	Ein Mann sitzt in der U-Bahn und um ihn herum tragen alle außer ihm Headsets. Die Türen öffnen sich, auf dem Bahnsteig singt eine junge Frau und er kommt auf eine Idee
Tagtraum	Hinführung	1. Mann	1. Autonomie	1. Behauptung	1. Genie	Er sitzt am Schreibtisch und baut Kopfhörer. Er setzt sie auf und schließt die Augen, als die Musik ertönt
	Krise	1. Mann	1. Erregung	1. Furcht	1. Aussätziger	Er versucht die Kopfhörer an Unternehmen und Passanten zu verkaufen, doch alle lehnen ab. Niedergeschlagen setzt er sich in eine Gasse
	Verwandlung mithilfe eines Verbündeten	1. Mann 2. Frau	1. Erregung	1. Neugier 2. Neugier	1. Entdecker 2. Engel	Aus der Hintertüre eines Hauses kommt die Sängerin aus der U-Bahn. Sie geht auf ihn zu, nimmt die Kopfhörer und setzt sie auf
	Erlösung/Schluss	1. Mann	1. Erregung	1. Neugier	1. Frohnatur	Er fährt in einer Limousine durch die Straßen. Alle Passanten tragen seine Kopfhörer und werfen ihre Headsets weg
Schluss		1. Mann	1. Autonomie	1. Behauptung	1. Anführer, Held	Der Tagtraum endet und er sitzt wieder in der U-Bahn. Die Türen schließen sich
Botschaft		Verfolge deine Ziele, denn du verdienst besseres				

Quelle: Eigene Darstellung in Anlehnung an Monster Cable Products (2018)

QR-Code und Link zum Video
https://bit.ly/2TuKblq

3.15 Der Geschichtenerzähler

Das letzte archetypische Storytelling-Format ist der Geschichtenerzähler. Es besteht wie der Tagträumer aus drei fundamentalen Bestandteilen: der Hinführung, der Erzählung und dem Schluss. In der Hinführung wird der Geschichtenerzähler vorgestellt. Dieser kann selbst in der Erzählung auftauchen oder ausschließlich die Rolle des Erzählers einnehmen. Die Erzählung selbst besteht wiederum aus einem eigenen archetypischen Storytelling-Format. Nach der Erzählung folgt der Schluss. Dieser kann ein lustiges oder fröhliches Ende sein oder aber lediglich aus verabschiedenden Worten des Erzählers bestehen.

Als Beispiel zur Veranschaulichung des archetypischen Storytelling-Formates des Geschichtenerzählers in Tab. 3.15 dient der Film „Trucker Story – eine unglaubliche Geschichte" von MAN. Ein Trucker erzählt seinen Kollegen überheblich, dass er eine Panne hatte und den Angriff einer Riesenspinne nur knapp überlebte. Die Kollegen stellen am Ende albern fest, dass sie noch nie davon hörten, dass ein MAN eine Panne hatte (MAN Truck & Bus 2018). Die Botschaft ist, dass Fahrzeuge von MAN keine Pannen haben.

Die Erzählung ist dem archetypischen Storytelling-Format der unerwarteten Wendung zugeordnet. Der Trucker erzählt die Geschichte äußerst überheblich (Antiarchetyp Diva) und stellt sich selbst am Anfang seiner Erzählung als wehrlosen Feigling dar, der sich dann zum mutigen und unverwüstlichen Helden entwickelt und durchsetzungsfähig die Monsterspinne besiegt (Archetyp Anführer). Die Spinne verkörpert in seiner Erzählung eine Verschmelzung der Antiarchetypen Rebell (offensiv, konfliktfreudig) und Zerstörer (brutal, aggressiv). Doch seine Kollegen lassen sich nicht hinters Licht führen, sondern durchschauen ihn und amüsieren sich auf seine Kosten. Dabei weisen sowohl der Trucker als auch seine Kollegen archetypische Eigenschaften des primitiven und albernen Idioten auf (Pätzmann und Hartwig 2018, S. 21 ff.). Der QR-Code und der Link zum Video auf YouTube sind in Abb. 3.17 zu finden.

Tab. 3.15 Der Geschichtenerzähler am Beispiel von MAN „Trucker Story – eine unglaubliche Geschichte"

Handlung		Charakter	Motivsystem	Motivationale(r) Verstärker Barriere	• Archetyp • Antiarchetyp	Geschichte
		Protagonist				
Hinführung		1. Trucker	1. Sicherheit	1. Überdruss	1. Diva	Ein Trucker erzählt seinen Kollegen eine Geschichte
Erzählung	Hinführung	1. Trucker	1. Erregung	1. Furcht	1. Feigling	Er fährt mit seinem Truck nachts durch den Wald und es regnet
	Handlungs-steigerung	1. Trucker	1. Erregung	1. Furcht	1. Feigling	Mitten im Nirgendwo hat er eine Panne
	Höhepunkt mit Krise	1. Trucker	1. Autonomie	1. Behauptung	1. Anführer, Held	Er steigt aus um nachzuschauen und hört Geräusche aus dem Hänger. Als er den Hänger öffnet, kann er nichts sehen, weil es so dunkel ist
	Unerwartete Wendung	1. Trucker 2. Spinne	1. Autonomie 2. Autonomie	1. Behauptung 2. Unterwerfung	1. Anführer, Held 2. Rebell, Zerstörer	Als er die Türe schießen will, greift ihn eine riesige Spinne an
	Erlösung/ Schluss	1. Trucker 2. Spinne	1. Autonomie 2. Erregung	1. Behauptung 2. Furcht	1. Anführer, Held 2. Rebell, Zerstörer	Als sich ein Auto nähert, ergreift er die Chance und schleudert die Spinne davor. Dadurch rettet er sein Leben
Schluss		1. Trucker 3. Kollegen	1. Autonomie 3. Autonomie	1. Unterwerfung 3. Unterwerfung	1. Idiot 3. Idiot	Seine Kollegen sind beeindruckt und der eine sagt albern, dass er es gar nicht glauben kann, da er noch nie gehört hat, dass ein MAN eine Panne hatte
Botschaft		Ein MAN hat keine Panne				

Quelle: Eigene Darstellung in Anlehnung an MAN Truck & Bus (2018)

Abb. 3.17 Verlinkung zum Video
von MAN „Trucker Story – eine   QR-Code und Link zum Video
unglaubliche Geschichte"   https://bit.ly/2UF9stl

Die drei Clips, die zu diesem Storytelling-Format passen, veranschaulichen
hervorragend, welche Möglichkeiten dieses Format bietet. Bei dem eben vorgestellten Beispiel von MAN wird eine Geschichte erzählt, die von dem Trucker
(vermeintlich) selbst erlebt wurde. In dem Video „A Magical Holiday" von H&M
erzählt ein Vater seiner Tochter ein fabelhaftes Märchen und der Werbespot „Glen
and the Magic Taco" von Taco Bell handelt von einem Kaktus, der die Geschichte
der Entstehung des nationalen „Taco Days" zum Besten gibt (Taco Bell 2017;
Fashion Feed 2017).

Fazit

Mithilfe der Analyse von 150 weltweit erfolgreichen YouTube-Videos konnten fünfzehn verschiedene archetypische Storytelling-Formate entwickelt werden. Die Formate dienen als Werkzeug zur Kreation von Kurzgeschichten, Drehbüchern für Werbespots, Kurzfilmen oder sonstigen kürzeren Sujets. Unter Zuhilfenahme des archetypischen Modells von Pätzmann und Hartwig (2018) und des archetypischen Motivkraftfeldes lassen sich spannende und originelle Geschichten entwickeln, die an die Markenidentität des Unternehmens angepasst werden können, indem passende Motivsysteme, motivationale Verstärker und Barrieren sowie Archetypen oder Antiarchetypen ausgewählt werden. Darüber hinaus lassen sich auch durch das willkürliche Einsetzen bestimmter Motive oder Archetypen ausgefallene und einzigartige Geschichten kreieren, die Spannung erzeugen und sich für lange Zeit im Gedächtnis der Rezipienten verankern. Der Kreativität sind dabei keine Grenzen gesetzt.

Die archetypischen Storytelling-Formate sind zeitstabile und langlebige Werkzeuge, die nicht von aktuellen Trends abhängig sind, denn die Klassiker wie der Dreiakter von Aristoteles oder der Fünfakter von Gustav Freytag werden schon seit unzähligen Jahren erfolgreich beim Geschichtenerzählen eingesetzt. Die Werbespot-Analyse zeigt, dass die Klassiker auch heute noch überaus häufig zum Einsatz kommen. Auch Campbells Heldenreise ist bei Werbespots von großer Relevanz. Die neuen Formate stellen eine sinnvolle Erweiterung des Portfolios an bestehenden Handlungs- und Erzählstrukturen dar.

© Springer Fachmedien Wiesbaden GmbH, ein Teil von Springer Nature 2019
J. U. Pätzmann und A. Busch, *Storytelling mit Archetypen,* essentials,
https://doi.org/10.1007/978-3-658-26848-0

Was Sie aus diesem *essential* mitnehmen können

- Kreative Ideen für Geschichten zur Entwicklung eigener YouTube-Videos
- Beispiel-Videos als Benchmarking-Vorlagen
- 15 konkrete Rezepte für Plots und Charaktere
- Archetypen als weltweit erfolgreich eingesetztes Instrument für Storytelling
- Content Marketing-Formate mit nachvollziehbaren Mustern

© Springer Fachmedien Wiesbaden GmbH, ein Teil von Springer Nature 2019   51
J. U. Pätzmann und A. Busch, *Storytelling mit Archetypen,* essentials,
https://doi.org/10.1007/978-3-658-26848-0

Alphabetisch geordnete Liste der 150 analysierten YouTube-Videos

Unternehmen	Titel	Jahr	URL
Adidas	Break Free	2016	https://www.youtube.com/watch?v=gXfLl-3qYy0k
Airbnb	Breaking Down Walls	2014	https://www.youtube.com/watch?v=BpAdy-FdE3-c
Aldi	Warum – darum	2016	https://www.youtube.com/watch?v=rKf-dXr5Z8js
Aldi	Kevin the Carrot	2017	https://www.youtube.com/watch?v=UJQG2l-qm5ek
Allegro	English for beginners	2016	https://www.youtube.com/watch?v=tU5Rnd-HM6A
Allegro	Nikolaus	2015	https://www.youtube.com/watch?v=v9qm-LF9yDs8
Always	Like a girl	2016	https://www.youtube.com/watch?v=Emaw-q64b0DU
Amazon	Löwe	2017	https://www.youtube.com/watch?v=dRyZ-dJ3-biQ

Unternehmen	Titel	Jahr	URL
Amazon	Prime Now rettet das Star Wars-Date	2016	https://www.youtube.com/watch?v=5r43I-90NE4s
Amazon	Alexa loste her voice	2018	https://www.youtube.com/watch?-v=J6-8DQALGt4
Anmum Philippines	Finally Mommy	2016	https://www.youtube.com/watch?v=Bejv-KNdNep8
Apple	HomePod	2018	https://www.youtube.com/watch?v=BLAnT-QfFXOI
Apple	Homework	2018	https://www.youtube.com/watch?v=Iprmi-Oa2zH8
Apple	Apple Watch – Dear Apple	2017	https://www.youtube.com/watch?v=N-x8Ik-9G5Dg
Apple	Holiday-Sway	2017	https://www.youtube.com/watch?v=TkL-2QxHLYRg
Audi	Let's change the game	2018	https://www.youtube.com/watch?v=Tstc6N-mNAus
Audi	Driver's Test – Spider Man Homecoming	2017	https://www.youtube.com/watch?v=2p93n-quWkvs
AXE	Dark Temptation	2009	https://www.youtube.com/watch?v=KrEpiT0Ht64
Bahlsen	Muttertag – Ein Stück Geborgenheit.	2018	https://www.youtube.com/watch?v=zUM7C-7TxpNg
BBC	One Christmas	2017	https://www.youtube.com/watch?v=8Pst-SiTCk74
Ben & Jerry's	One sweet world	2016	https://www.youtube.com/watch?-v=s-i6fYtXb-k

Unternehmen	Titel	Jahr	URL
Bernas	Family reunion	2012	https://www.youtube.com/watch?v=9O-qOHxwRy04
British Ariways	Fuelled by Love	2016	https://www.youtube.com/watch?v=ZF-b01yTR9bA
Budweiser	Puppy Love	2014	https://www.youtube.com/watch?v=dlNO2t-rC-mk
Budweiser	Born the hard way	2017	https://www.youtube.com/watch?v=7ZmlRt-pzwos
Bumble	Celebrate first movers – international woman's day	2017	https://www.youtube.com/watch?v=kBMTg-nW-dj8
BVG	Ohne Uns	2017	https://www.youtube.com/watch?v=mnXnLe-o54FA
BVG	Der BerlKönig kommt.	2018	https://www.youtube.com/watch?v=TzG5_WwkN1w
Cadbury	Mum's Birthday	2018	https://www.youtube.com/watch?v=l0eEqeiz-NCA
Calvin Klein	Eternity	2017	https://www.youtube.com/watch?v=aEcbuc-cnjLc
Canon	A picture of you	2016	https://www.youtube.com/watch?v=O_H9HY-hPJnw
Carlsberg	The Crate Escape	2012	https://www.youtube.com/watch?v=AtK2qIm-qBQs
Cartier	The Proposal: Jump Right In	2017	https://www.youtube.com/watch?v=TFu5gw-VadCc
Chanel	Coco Mademoiselle	2011	https://www.youtube.com/watch?v=aRV-2_Un-kk

Unternehmen	Titel	Jahr	URL
Chanel	Bleu de CHANEL	2010	https://www.youtube.com/watch?v=oG-nnD-lnWrA
Check24	Marys iPhone Deal	2017	https://www.youtube.com/watch?v=j9GgQK-glx08
Chevrolet	Maddie	2014	https://www.youtube.com/watch?v=3t6bLugt-JkQ
Coca Cola	Ramadan	2018	https://www.youtube.com/watch?v=m-qw-ODqbGRo
Coca Cola	Brotherly Love	2016	https://www.youtube.com/watch?v=qdPXQL-rueRg
Coca Cola	Break Up	2016	https://www.youtube.com/watch?v=ejkaBA_CVec
Comcast	Emily's Oz	2015	https://www.youtube.com/watch?v=ZU7NU_fsaSU
DELSEY	What matters is inside	2018	https://www.youtube.com/watch?v=b8CE-d4u1Au4
Deutsche Bahn	Das Baden-Württemberg-Ticket: Der feine Unterschied	2018	https://www.youtube.com/watch?v=Cb-cFx2l58fQ
Deutsche Bank	Positiver Beitrag	2018	https://www.youtube.com/watch?v=4ojczT02_BQ
Dior	Miss Dior	2017	https://www.youtube.com/watch?v=h4s0llOp-KrU
Dior	Dior Sauvage	2015	https://www.youtube.com/watch?v=LnoumT-pLMfk
Edeka	Heimkommen	2015	https://www.youtube.com/watch?v=V6-0kY-hqoRo

Unternehmen	Titel	Jahr	URL
Edeka	Herren des Feuers	2017	https://www.youtube. com/watch?v=noEK-ku7eJOk
Edeka	Eatkarus	2017	https://www.youtube. com/watch?v=To9COZ-q3KSo
Edeka	Weihnachten 2117	2017	https://www.youtube. com/watch?v=aknucx-b0xSo
ept Early Pregnancy Test	Trying to conceive	2017	https://www.youtube. com/watch?v=przTds-6r_5I
ERGO	Stefan & Max	2013	https://www.you-tube.com/watch?-v=14R9l-2tCco
Evian	Baby Me	2013	https://www.youtube. com/watch?v=93d3Jh-BiU40
Extra Gum	The Story of Sarah & Juan	2015	https://www.youtube. com/watch?v=XLpDi-IVX0Wo
FedEx	Tortoise & the hare	2018	https://www.youtube. com/watch?v=I6DEUId-6Fvw
Ferrero Kinder Riegel	So hat alles begonnen	2012	https://www.youtube. com/watch?v=hoplG-9PLecw
Glade	The greatest gift	2015	https://www.youtube. com/watch?v=Xw3H-fRMruC8
Google	Parisian Love	2009	https://www.youtube. com/watch?v=nnsSUqg-kDwU
H&M	A Magical Holiday	2017	https://www.youtube. com/watch?v=QBf0Ym-roge0
Halo Top	Eat the ice cream	2017	https://www.youtube. com/watch?v=j4IF-NKYmLa8

Unternehmen	Titel	Jahr	URL
Harry's	A Man Like You	2018	https://www.youtube.com/watch?v=jIDLa5z-hO8A
Heinz	Geoff	2017	https://www.youtube.com/watch?v=o2cY_knkc8E
Hornbach	Sag es mit deinem Projekt	2014	https://www.youtube.com/watch?v=Cmg-8ghXhAt8
HP India	#ReinventGiving with 'Brothers'	2016	https://www.youtube.com/watch?v=tohJzlU-e6Io
Hyundai	First Date	2018	https://youtu.be/-R_483zeVF8
ifolor	Grace	2015	https://www.youtube.com/watch?v=pX-e6FY-xuIU
IKEA	Therapie	2018	https://www.youtube.com/watch?v=ExwCy_gfFLU
IKEA	Opa	2017	https://www.youtube.com/watch?v=0c_hM3NkaMM
IKEA	Zusammen wird's ein Fest	2015	https://www.youtube.com/watch?v=R-3M6uYYlwGQ
Immowelt	Wohne wie auch immo du willst!	2017	https://www.youtube.com/watch?v=0wlnoX-3krcM
John Lewis	Moz the monster	2017	https://www.youtube.com/watch?v=Jw1Y-zh-QURU
John Lewis	Monty the penguin	2016	https://www.youtube.com/watch?v=RSxOj-BIjyhI
John Lewis	Buster the Boxer	2016	https://www.youtube.com/watch?v=4qo27xcVS5I

Unternehmen	Titel	Jahr	URL
John Lewis	She's Always a Woman	2010	https://www.youtube.com/watch?v=jYOs-WWKHZVw
Johnnie Walker	Dear brother	2015	https://www.youtube.com/watch?v=h2caT-4q4Nbs
Kaufland	Für die beste Mama der Welt	2018	https://www.youtube.com/watch?v=MhgY-JAmhJE8
Kenzo	World – the new fragrance	2016	https://www.youtube.com/watch?v=ABz-2m0olmPg
Knorr	Share the warmth	2016	https://www.youtube.com/watch?v=J4X6j-NIKYx8
Knorr	Salty – Neck brace	2009	https://www.youtube.com/watch?v=PdP45Y-MfIhI
Kodak	Understanding	2016	https://www.youtube.com/watch?v=sZ-BrowcWnMU
Kylie Cosmetics	Glosses by Kylie Jenner	2016	https://www.youtube.com/watch?v=JtoRzI0v-KJE
Lacoste	Timeless	2017	https://www.youtube.com/watch?v=IZC02E-QqcXc
Lego	Inspire imagination and keep building	2014	https://www.youtube.com/watch?v=BfhV-3Q4LJPM
Lenovo	Let your child reach the stars	2018	https://www.youtube.com/watch?v=OD-WrTVSFcGs
LG	Innovation Story	2018	https://www.youtube.com/watch?v=O8jHf-6cwWB0
LG	Life is good	2017	https://www.youtube.com/watch?v=60zlBxi-UwxQ

Unternehmen	Titel	Jahr	URL
Lufthansa	CEO Wilson kommt	2016	https://www.youtube.com/watch?v=eZ6Ix4D-DilM
Lufthansa	Die Farben meiner Heimat	2017	https://www.youtube.com/watch?v=MBpxzY-qGQJw
Lysol	Protect Like a Mother	2017	https://www.youtube.com/watch?v=GXn-p160McfA
M&M's	Human	2018	https://www.youtube.com/watch?v=qfZcxe-qa1g4
MAN	Trucker Story – eine unglaubliche Geschichte	2018	https://www.youtube.com/watch?v=MAkxOlz5t2o
Marks and Spencer	Christmas with love from Mrs Claus	2016	https://www.youtube.com/watch?v=V-5QPXhStb5I
McDonald's	Baby Drive-thru	2018	https://www.youtube.com/watch?v=hU-POuXzZ-Tc
McDonald's	Dead Dad	2017	https://www.youtube.com/watch?v=S1X-M4INk8l8
Mercedes-Benz	The Journey	2012	https://www.youtube.com/watch?v=-V2vHSu-UJog
Mercedes-Benz	King of the City Jungle	2017	https://www.youtube.com/watch?v=mQLK6c-5vOHM
MetLife	My dad's story – dream for my child	2015	https://www.youtube.com/watch?v=3bdm4N-BYxII
Milka	Im Herzen zart	2018	https://www.youtube.com/watch?v=Cnhd-JyIlj-Q
Monster	Opportunity Roars	2017	https://www.youtube.com/watch?v=RCBpx-KEHRNk

Unternehmen	Titel	Jahr	URL
Monster Store	Monster	2018	https://www.youtube.com/watch?v=DEXfRM-TRJss
Nestlé	A Mommy's Sacrifice	2016	https://www.youtube.com/watch?v=m4xCH-VlttWo
Nestlé	For our #1 Lolas	2015	https://www.youtube.com/watch?v=YMjCG-nrCNaQ
Netto	Die Osterüberraschung	2017	https://www.youtube.com/watch?v=nd1MrT-qnDd0
Nike	Dream Crazy	2018	https://www.youtube.com/watch?v=Fq2Cvm-goO7I
Nivea	Mama, du bist immer für mich da	2018	https://www.youtube.com/watch?v=UUKs-80d4ip8
Nivea	Beste Freunde	2016	https://www.youtube.com/watch?v=nwfmcx-XuvP4
Nokia	Be the gift	2017	https://www.youtube.com/watch?v=06lXv-wOUK7Q
Nolan's Cheddar (Seriously Cheddar)	Mouse Trap	2010	https://www.youtube.com/watch?v=YqlQS5C-CmwI
NTUC Social Enterprises	Thank you, Mdm Siti	2016	https://www.youtube.com/watch?v=a7fVX0u-KUaM
Pantene	Wanitabesi	2018	https://www.youtube.com/watch?v=4ITF-qlmHt50
Pantene	Ohne Titel	2012	https://www.youtube.com/watch?v=6UHO-JARzEWw
Penny	Weihnachten braucht nicht viel. Nur Liebe	2018	https://www.youtube.com/watch?v=C8a1rYWyd0s

Unternehmen	Titel	Jahr	URL
Procter & Gamble	Thank you Mom	2014	https://www.youtube.com/watch?v=1SwFso-7NeuA
Publix	Celebrate the graduation moments	2016	https://www.youtube.com/watch?v=oAoOdht-bBms
Rewe	Eine regionale Liebesgeschichte	2016	https://www.youtube.com/watch?v=hxG1L-wFCv9w
Robinsons	Thanks Dad	2013	https://www.youtube.com/watch?v=RyeDB-ZaxFa8
Sainsbury's	Mog's christmas calamity	2015	https://www.youtube.com/watch?v=kuRn-2S7iPNU
Sainsbury's	1914	2014	https://www.youtube.com/watch?v=NWF2JB-b1bvM
Samsung	Lets You Be You	2018	https://www.youtube.com/watch?v=aSxFPWi-xbsA
Samsung	Samsung Galaxy: Moving on	2018	https://www.youtube.com/watch?v=3qhW1s-DPHYI
Samsung	Ganz weit weg und doch mittendrin	2016	https://www.youtube.com/watch?v=KsMx-20PWhVE
Samsung India	Voice Forever	2018	https://www.youtube.com/watch?v=5OhJ00a-n0mI
Samsung India	We'll take care of you, wherever you are	2016	https://www.youtube.com/watch?v=779Kw-jAYTeQ
Sandy Hook Promise	Evan	2016	https://www.youtube.com/watch?v=A8sy-QeFtBKc
Saturn	Anna – Du kannst mehr	2017	https://www.you-tube.com/watch?-v=Ww1TpTh2Z2Q

Unternehmen	Titel	Jahr	URL
Save the children	Second a day video	2014	https://www.youtube. com/watch?v=RBQ-IoH-fimQ
Siemens	Siemens ingenuity helps visionaries turn ideas into reality	2018	https://www.youtube. com/watch?v=ZSQGB-BvKqIY
Skittles	Settle It	2015	https://www.youtube. com/watch?v=n7B-VxLyIgqM
Snickers	Diva	2012	https://www.youtube. com/watch?v=9XNcS-4MHbZc
SOS Kinderdorf	Leos Geheimnis	2017	https://www.youtube. com/watch?v=godupwG-WaFE
Supercell	Clash of Clans: How do we get over there?	2017	https://www.youtube. com/watch?v=TfQc3p-DBHaY
Taco Bell	Glen and the magic taco	2017	https://www.youtube. com/watch?v=Vhwq-KUfRSio
Tedi	Weihnachtsfilm – Dekorieren ist Liebe	2017	https://www.youtube. com/watch?v=Uttib-N46oII
Teleflora	Ryan's unforgettable Mother's Day delivery	2015	https://www.youtube. com/watch?v=j2zhVs-1cUgU
Telekom	ELI's Traum wird wahr	2018	https://www.youtube. com/watch?v=a-QbeuOi8IFQ
Tesla	Drive the future	2016	https://www.you-tube.com/watch?-v=X-MLF3Yo0UU
Tesla	Epic journey	2017	https://www.youtube. com/watch?v=VoRo-Sx6x64Y
Thai Life Insurance	Unsung Hero	2014	https://www.youtube. com/watch?v=K9vF-WA1rnWc

Unternehmen	Titel	Jahr	URL
Thai Life Insurance	Silence of love	2011	https://www.youtube.com/watch?v=qZ-MX6H6YY1M
Toyota	Good odds	2018	https://www.youtube.com/watch?v=sefsc-V3GvWM
True Move	Giving	2016	https://www.youtube.com/watch?v=iVrQ-qWIs6ZE
Twitter	Let's Go Twitter	2017	https://www.youtube.com/watch?v=52Pvp-M0yngQ
U.S. Bank	The Power of Possible	2017	https://www.youtube.com/watch?v=dDmaJ8i-MaUc&spfreload=1
ViO Mineralwasser	Hasi	2011	https://www.youtube.com/watch?v=hNi-BU5EGTJs
Volvic	Der Neuanfang	2017	https://www.youtube.com/watch?v=8U-NE9MM4td0
Volvo	Moments	2017	https://www.youtube.com/watch?v=pjQt2lE-ZIXg
VW	VW Tiguan Lachende Pferde	2016	https://www.youtube.com/watch?v=Wlc2l-5zYZPU
VW	Der neue Volkswagen T-Roc	2018	https://www.youtube.com/watch?v=MXsMD-8WBXxQ
YSL Beauty	L'Homme	2016	https://www.youtube.com/watch?v=xm-Z12A86kdE
Zoetis	Gift	2015	https://www.youtube.com/watch?v=JMs7dk-dO4YY

Literatur

Aristoteles, Schmitt, A., Grumach, E., & Flashar, H. (2009). Werke in deutscher Übersetzung. In *Aristoteles – Werke in deutscher Übersetzung* (Bd. 5). Berlin: Akad.-Verl.

Bischoff, N. (1985). *Das Rätsel Ödipus: Die biologischen Wurzeln des Urkonfliktes von Intimität und Autonomie*. München: Piper.

Bishop, B. (2013). Lucas and Spielberg on storytelling in games: 'It's not going to be Shakespeare'. Vox Media. https://www.theverge.com/2013/6/13/4427444/lucas-spielberg-storytelling-in-games-its-not-going-to-be-shakespeare-usc. Zugegriffen: 2. Jan. 2019.

Bitly. (2019). Harness every click, tap and swipe: Brand, track and optimize every touchpoint with Bitly, the world's leading link management platform. https://bitly.com/. Zugegriffen: 19. Febr. 2019.

Campbell, J. (2008). *The hero with a thousand faces* (3. Aufl. Bollingen series 17). Novato: New World Library.

Felser, G. (2015). *Werbe- und Konsumentenpsychologie* (4. erweiterte u. vollständig überarbeitete Aufl.). Berlin: Springer.

Jung, C. G. (1999). *Archetypen* (8. Aufl.). München: DTV.

Kahneman, D. (2012). *Schnelles Denken, langsames Denken* (3. Aufl.). München: Penguin.

Kleine Wieskamp, P. (Hrsg.). (2016). *Storytelling: Digital – Multimedial – Social: Formen und Praxis für PR, Marketing, TV, Game und Social Media*. München: Hanser.

Kroeber-Riel, W., & Gröppel-Klein, A. (2013). *Konsumentenverhalten* (10. überarbeitete, aktualisierte u. ergänzte Aufl.). München: Vahlen.

Pätzmann, J. U. (2018a). Ist Print tot? *Markenbrand, 7*, 3.

Pätzmann, J. U. (2018b). Das Tool: Archetypische Metaphern als empirische Suchheuristik für Customer Insights. *Markenbrand, 7*, 8–9.

Pätzmann, J., & Hartwig, J. (2018). *Markenführung mit Archetypen: Von Helden und Zerstörern: Ein neues archetypisches Modell für das Markenmanagement*. Wiesbaden: Springer Gabler.

Pulizzi, J. (2014). *Epic content marketing: How to tell a different story, break through the clutter, and win more customers by marketing less*. New York: McGraw-Hill.

Pyczak, T. (2018). *Tell me!: Wie Sie mit Storytelling überzeugen. Für alle, die in Beruf, PR und Marketing erfolgreich sein wollen, inkl. Praxisbeispiele* (2. Aufl., erweiterte Ausgabe). Bonn: Rheinwerk.

© Springer Fachmedien Wiesbaden GmbH, ein Teil von Springer Nature 2019
J. U. Pätzmann und A. Busch, *Storytelling mit Archetypen, essentials*,
https://doi.org/10.1007/978-3-658-26848-0

QRCode-Generator.de. (2014). Erstellen Sie kostenlos Ihren QR Code. https://www. qrcode-generator.de/. Zugegriffen: 19. Febr. 2019.

Roesler, C. (2016). *Das Archetypenkonzept C. G. Jungs: Theorie, Forschung und Anwendung*. Stuttgart: Kohlhammer.

Rüeger, B. P., Hannich, F. M., Fuchs, R., Müller, S., Klaas, M., & Suvada, A. (2018). *Emotionalisierung im digitalen Marketing: Erfolgreiche Methoden für die Marketingpraxis*. Stuttgart: Schäffer-Poeschel.

Rupp, M. (2016). *Storytelling für Unternehmen: Mit Geschichten zum Erfolg in Content Marketing, PR, Social Media, Employer Branding und Leadership*. Frechen: MITP Verlags GmbH & Co. KG.

Sammer, P. (2015). Storytelling. In *O'Reilly basics* (1. Aufl., 3. korrigierter Nachdruck). Beijing: O'Reilly.

Scheier, C., & Held, D. (2012). *Wie Werbung wirkt: Erkenntnisse des Neuromarketing* (2. Aufl.). Freiburg: Haufe-Lexware.

Stein, M. (2015). *C. G. Jungs Landkarte der Seele* (6. Aufl.). Eschbach: Patmos.

Vogler, C. (2007). *The Writer's Journey: Mythic structure for writers* (3. Aufl.). Studio City: Michael Wiese Productions.

Printed in the United States
By Bookmasters